Aux ânes et aux mules, sans lesquels rien de tout cela ne serait arrivé.

Lise Cristiani et son stradivarius

Adèle Hommaire de Hell

Catherine de Bourboulon et Marie de Ujfalvy-Bourbon en costume de voyage

Jane Dieulafoy

PROLOGUE

> Cette période de ma vie, passée au milieu des steppes, loin de toutes les villes, m'apparaît à présent sous un jour si calme, si doux et si serein, que le moindre incident qui m'en fait souvenir m'émeut profondément.
>
> Adèle HOMMAIRE DE HELL.

Au XIXe siècle, on court le monde, on explore, on conquiert, on découvre le proche comme le lointain, on crée des sociétés savantes, des musées, on dresse des inventaires et des cartes, on mesure, on défie si bien l'inconnu qu'entre faire la guerre, coloniser, évangéliser, étudier, explorer, commercer, émigrer et visiter, nombreuses sont les raisons de prendre la route.

S'il y a des hommes pour partir au loin, il y a aussi des femmes, même au début du siècle, quand le déplacement est terriblement périlleux et inconfortable. En 1812, par exemple, l'actrice Louise Fusil, surprise dans l'incendie de Moscou, n'a pas d'autre choix que de refluer vers la Berezina avec l'armée napoléonienne. En 1817, Rose de Freycinet, embarquée clandestinement sur un navire de la Marine royale, entreprend un tour du monde de trois années. Charlotte-Adélaïde Dard, en 1816, survit au naufrage de la *Méduse*. En 1840, tout auréolée de la gloire de son aventure, Léonie d'Aunet rentre du monde glacial du Spitzberg pendant que Louise Bachelet traverse le Paraguay en guerre pour rejoindre une petite société française organisée en phalanstère au Brésil. En 1848, la violoncelliste Lise Cristiani fait une tournée de vingt mille kilomètres en Sibérie.

L'héritage des Lumières s'est diffusé dans une société qui croit en la connaissance par l'observation comme elle croit en la supériorité de ses valeurs. Rapporter des savoirs n'est pas le privilège de l'explorateur ou du savant ; les voyageuses parties faire l'expérience du monde, entraînées elles aussi dans la dynamique générale de l'expansion des connaissances, se sentent en mission pédagogique et, au retour, publient le récit de leurs aventures. Partir et écrire : double émancipation dans une société qui veut limiter le territoire des femmes à la vie domestique.

Louise Bourbonnaud, à qui un voyage solitaire de « 145 000 lieues terrestres, marines et aériennes » donne le droit de narguer les entraves, est la messagère de leur fierté :

« Quelle nature impressionnable que celle de la femme ! Comme un rien la bouleverse, l'effraie, lui fait perdre la tête ! Quelle organisation incomplète du point de vue du sang-froid, de la présence d'esprit, de l'impassibilité devant les difficultés dont la vie est hérissée et auxquelles elle se trouve en butte à chacun de ses pas. Sans l'homme, que ferait-elle ? Comment se débrouillerait-elle, la pauvre ? Eh bien, j'ai voulu montrer, moi, femme, que ces idées émises plus haut sur la femme commencent à être bien vieillies et hors concours. Jeune encore, jouissant d'une assez belle fortune, veuve, c'est-à-dire maîtresse de mes actions, j'ai entrepris de faire mon tour du monde [1]. »

Artistes, épouses d'hommes appelés au loin, exilées, croyantes, missionnaires, militantes, romancières,

---

1. *Seule à travers 145 000 lieues terrestres, marines et aériennes. Premier voyage, Europe (45 000 lieues), Espagne, Portugal, Gibraltar, Maroc*, publié par l'auteure, sans date, I, Préface.

reporters, scientifiques, touristes, aventurières, malades ayant besoin de climats favorables, les femmes entreprennent leurs voyages sous des auspices divers qui rendent chaque récit singulier et l'ensemble unique. Ensemble qui présente le triple intérêt d'informer sur le monde d'alors, du Kamtchatka à Tahiti, sur les voyageuses comme femmes d'une époque et d'une nation, sur leurs récits comme variété d'un genre littéraire très productif au XIXe siècle.

Cet engouement pour les relations de voyage, de naufrages, d'exploration, va d'ailleurs bénéficier tout naturellement à la diffusion des témoignages qu'elles rapportent sous forme d'ouvrages comme d'articles. À côté de périodiques qui visent la culture universelle et encyclopédique du lecteur comme *La Revue des Deux Mondes*, *Le Musée des familles*, *Le Magasin pittoresque*, la publication du voyage par excellence, c'est *Le Tour du Monde*, fondée par Édouard Charton, saint-simonien et futur secrétaire général à l'Instruction publique. Ce dernier, qui croit à l'image autant pour sa qualité esthétique que pour son pouvoir d'information, recrute les meilleurs graveurs de l'époque, Gustave Doré ou Édouard Riou, si bien que l'extraordinaire iconographie de sa revue en fait un titre très apprécié dès sa sortie et de nos jours un objet de collection. Sur les cinq cents auteurs publiés, vingt-cinq sont des femmes. C'est peu, mais c'est une véritable reconnaissance en comparaison des publications, même actuelles, qui les ignorent. Ces articles du *Tour du Monde*, les entrées du *Dictionnaire illustré des explorateurs et grands voyageurs français du XIXe siècle*[2], les fonds de bibliothèques, surtout ceux de la Bibliothèque nationale de France et de la bibliothèque Marguerite-Durand, spécialisée dans la question féminine, permettent de recenser plus

2. Sous la direction de Numa Broc, Paris, Éditions du CTHS, 1988-2003, 4 vol.

de soixante-dix femmes françaises ayant effectué des voyages lointains entre 1800 et 1900. Ici, le titre de « grandes » voyageuses françaises sera conventionnellement réservé à celles qui ont visité l'Afrique, l'Asie, l'Amérique, l'Océanie ou la Russie et Constantinople, à l'exclusion du reste de l'Europe.

Nicolas Bouvier avait-il raison d'estimer qu'« il vaut souvent mieux lire les voyageurs qui écrivent que les écrivains qui voyagent » ? On pourra en juger dans cet ouvrage où les écrivaines qui ont certes voyagé mais dans des pays voisins – George Sand ou Germaine de Staël – s'effacent devant des voyageuses qui ont écrit sur des pays lointains.

I

La captive des mers de Chine

> [Dans la tempête] on ne vit plus que sous deux pensées : une pour Dieu, surexcitée chez la créature par l'amour de la conservation, l'autre à ceux qu'on aime et à qui l'on dit un adieu éternel.
>
> Mme DE SAINT-AMANT.

Pour Fanny Loviot, les mers ont décliné le répertoire complet de leurs traîtrises. On ignore l'âge des deux sœurs Loviot quand, « par une belle journée » de 1852, elles s'embarquent pour la Californie ; on sait seulement qu'elles sont jeunes et partent faire fortune au pays des chercheurs d'or. Alors que les premiers steamers apportent aux voyageurs rapidité, confort et sécurité, elles ont choisi le voilier des pauvres, la goélette *Indépendance*, à équipage réduit, qui fait le voyage du Havre à San Francisco par le cap Horn. L'ont-elles vraiment choisi ? Le bâtiment a la réputation d'aider les préfectures de police à éloigner quelques indésirables. Toujours est-il que, peut-être moins dangereuse que les autres, cette route n'offre, sur six mois de navigation, qu'une seule escale à Rio de Janeiro, ce qui signifie mauvaise nourriture et ennui.

En France, la propagande pour l'or californien a enflammé les esprits. Une émigration incontrôlée, manipulée et mal informée entraîne au bout du monde ceux qui vont chercher l'or et ceux qui vont chercher l'argent. Pour être exceptionnelle, l'entreprise de Fanny Loviot n'est pas unique : on voit des femmes partir seules pour se produire en tournées, faire du négoce, trouver un bon parti ou s'employer dans des lieux plus ou moins honorables.

À peine embarquée sur la fragile goélette, voilà Fanny qui connaît sa première frayeur. Dans un bruit épouvantable, le bateau racle un récif : « La plupart des femmes s'étaient évanouies. Quant à moi, j'étais pétrifiée et cependant je n'avais pas compris l'imminence du danger, mais la figure du capitaine me sert de baromètre en mer et je dois dire que ce jour-là le baromètre n'était pas rassurant. Ma pauvre sœur était verte d'épouvante [1]. » Ce qui l'attend au cap Horn sera toutefois cent fois pire quand, après des jours d'immobilité, la mer se déchaîne, emportant un marin : « Personne ne dormit à bord cette nuit-là. On avait raison, pensais-je, c'est un lieu dangereux et funèbre que le cap Horn. La mer mugissante et le vent qui ne cessait de souffler formaient un lugubre accompagnement à ces sombres pensées [2]. »

À l'escale de Rio, huit passagers sur les dix-huit embarqués ont abandonné, mais les sœurs Loviot sont remontées à bord et, le 21 novembre 1852, au bout de six mois de voyage, elles arrivent à San Francisco : rues ensablées, trottoirs en planches, maisons de bois et de brique pour soixante mille habitants de toutes origines. Au milieu des baraquements commence cependant à surgir une ville moderne, tout aussi fébrile mais plus

1. *Les Pirates chinois. Ma captivité dans les mers de la Chine*, Paris, Bourdilliat, 1860, p. 7.
2. *Ibid.*, p. 16.

recommandable, avec des constructions de pierre, une rue centrale pavée bordée de magasins, de cafés, d'hôtels magnifiques et d'un Metropolitan Theatre qui éblouit Fanny. Avec l'élargissement territorial récent à la Californie, au Texas et au Nouveau-Mexique, avec la croissance démographique qui, en cinquante ans, a porté la population de quatre à trente millions d'habitants, les États-Unis sont désormais engagés dans une puissante expansion économique. La découverte de l'or, les ressources naturelles, l'industrialisation, le dynamisme général de l'économie, la cession à un prix symbolique des terres vacantes, l'apparition de services réguliers de navigation à vapeur, les crises politiques en Europe alimentent un mouvement d'immigration considérable. La guerre de Sécession n'est pas loin mais, quand Fanny Loviot débarque, toute l'énergie du pays s'investit dans la croissance.

Effrayée par la brutalité des Brésiliens envers leurs esclaves, elle ne se rassure pas en Californie où, cependant, la liberté des Noirs est juridiquement acquise :

« L'antipathie des Américains à l'égard des nègres est connue et peu dissimulée ; le mépris qu'ils leur témoignent a naturellement porté ces derniers, par les besoins d'une commune défense, à se réunir entre eux et à ne gêner en rien leurs oppresseurs. La haine réciproque des deux races qui, chez l'une, est timide et, chez l'autre, arrogante se traduit par l'absence presque complète de relations. Les Noirs sont exclus de tous les établissements publics fréquentés par leurs tyrans [...] et, bien que, sur le sol libre, les droits de l'homme leur soient concédés, leur infériorité sociale est assez marquée pour leur faire sentir qu'ils n'ont encore véritablement gagné qu'une chose qui, du reste, a bien son prix : la suppression des coups de fouet[3]. »

---

3. *Ibid.*, p. 28-29.

La vie est chère à San Francisco, aussi les sœurs Loviot doivent-elles se contenter d'une mauvaise chambre dans un quartier éloigné. Devant leur fenêtre, une sorte de construction en bois n'attire leur attention que lorsqu'elles la voient utilisée pour une pendaison improvisée. Découvrant ainsi la « loi de Lynch », Fanny s'enfuit deux jours, totalement horrifiée, et ne revient que pour récupérer ses affaires. Son initiation se poursuit lorsque, voyageant à l'intérieur du pays, elle se trouve dans un hôtel où, conséquence de l'abus d'alcool et de la libre disposition des armes à feu, un homme est tué juste à côté d'elle. Une autre fois, c'est presque toute une petite ville où elle passe la nuit qui est détruite par le feu. Dans l'Oregon, seule dans la campagne, elle rencontre un ours. Le temps qu'elle meure de peur, il a déjà passé son chemin : « Quelques personnes verront sans doute dans sa manière d'agir à mon égard le fait d'un animal repu de sang, mais la reconnaissance me fait un devoir de ne pas passer sous silence sa généreuse conduite[4]. »

En novembre 1853, dix-huit mois après avoir quitté la France, Fanny et sa sœur s'installent à Yreka, petite localité de chercheurs d'or à la frontière de la Californie et de l'Oregon. Indiens et Blancs se massacrent. L'hiver est si froid qu'on trouve des morts dans la campagne. Au bout de deux mois, leurs « affaires de commerce » réglées, les demoiselles Loviot reviennent s'établir à San Francisco. Sur ce, un énorme incendie se déclare au cours duquel elles perdent tous leurs biens. Tandis que la sœur part se refaire à Yreka, Fanny s'embarque pour Batavia avec une actrice, Mme Nelson, qui a des espoirs de placements mirifiques en Indonésie. « Outre l'avantage pécuniaire que je croyais retirer de ce voyage, j'étais dévorée du désir de voir des pays nouveaux[5]. » De ce point de vue, le trajet

4. *Ibid.*, p. 47.
5. *Ibid.*, p. 63.

présente de belles promesses : Canton, Macao et Hong Kong. Fanny sera comblée !

Le 11 juin 1854, elle monte à bord de l'*Arturo*. Une bonne surprise l'attend : quatre musiciens français, en route pour Calcutta, sont du voyage. Mais Mme Nelson tombe malade. Des Chinois qui disent la bonne aventure lui annoncent qu'il lui reste peu de temps à vivre. À Fanny ils prédisent un grand malheur. La pauvre Mme Nelson meurt : est-ce le malheur prédit ou un autre est-il à venir ? Des récifs rendent la navigation terriblement difficile. À trois jours de l'arrivée, la queue d'un typhon s'abat sur le bateau puis le vent retombe complètement. Une errance de trois semaines laisse équipage et passagers à court de vivres. Des marins partent en chaloupe chercher du secours et tout s'arrange. Pour un temps.

Le 20 août, Fanny Loviot arrive à Hong Kong. Elle trouve le climat malsain, la vie chère et le séjour désagréable. En revanche, de Canton elle aime tout : les étalages merveilleusement disposés avec les soieries, les thés, les meubles de laque, les éventails ; la foule compacte, bruyante et affairée. Comme elle n'a plus de projets, le consul organise son retour vers la Californie, et le 4 octobre 1854 elle s'installe à bord du *Caldera*, confiée au capitaine Rooney. Elle a pour compagnon de voyage Than-Sing, un marchand chinois qui emporte une énorme cargaison de sucre, de café et d'opium vers l'Amérique.

Voilà que le deuxième jour un marin tombe à la mer. On le sauve mais Fanny reste sur une fâcheuse impression. Là-dessus surgit un typhon : « Les vents étaient déchaînés, la mer tourmentée en tous sens soulevait ses vagues comme des furies, de sombres éclairs sillonnaient la nue, précédant les coups de tonnerre dont le bruit éclatait de toutes parts avec fracas. Poussé à l'avant, à l'arrière, et retourné brusquement sur lui-même sans que son gouvernail pût lui imprimer de direction, le *Caldera* menaçait à chaque instant de s'engloutir[6]. » À bord, tout est brisé, haché, noyé. Le mât de misaine s'est écroulé sur le pont, si bien qu'il faut rentrer à Hong Kong.

Épuisée, la voyageuse vient de s'assoupir sur un lit trempé quand des cris et des lueurs d'incendie la réveillent. Quatre jonques chinoises cernent le voilier. Des pirates se rendent maîtres du tas de ruines qu'est devenu le *Caldera*. Ils sont une centaine, effrayants, hurlants, le sabre tournoyant. Than-Sing se fait interprète pour protéger ses compagnons de la haine des Chinois pour les Anglais, qui les vouerait à une mort immédiate. Il dit aux agresseurs que le capitaine et l'équipage sont espagnols et que Mlle Loviot est française, sans aucune famille ni connaissance en Chine pour éviter toute demande de rançon. Alors qu'on les dirige vers un port, d'autres pirates attaquent les premiers et trois vagues successives de Chinois vont ainsi se piller et repiller entre eux. On finit par abandonner les prisonniers à leur sort sur un bateau vide et quasi détruit. Les marins réparent la chaloupe, la mettent à l'eau mais, trop épuisés pour affronter la mer redevenue forte, finissent par ramener tout le monde à bord.

Le 11 octobre, toute une agitation réveille Fanny : encore des pirates. Comme il n'y a plus que les humains à prendre, elle est emmenée avec Than-Sing vers Macao. Tous deux restent enfermés dans un réduit minuscule de la cale où logent déjà cancrelats, araignées et rats. Les Chinois attaquent d'autres navires et, une nuit, Fanny entend les hurlements de passagers torturés. Le 18 octobre, les pirates sont en train de faire provision d'eau sur une plage quand ils se font surprendre par un steamer embusqué dans une baie voisine. Le capitaine Rooney, car c'est lui qui dirige l'opération, ramène Fanny à Hong Kong en héroïne.

6. *Ibid.*, p. 91.

Le 11 novembre 1854, un bon bateau de la Malle des Indes la rapatrie à Marseille aux frais du gouvernement français. Elle n'a pas perdu le goût du voyage et visite avec intérêt Singapour, Penang, Ceylan, Aden – « fort malheureuse contrée » –, ainsi que Suez et un lieu « où l'on croit rêver les yeux ouverts : de toutes les sensations que j'ai ressenties dans mes voyages, aucune n'est comparable à celles que m'a fait éprouver la ville du Caire[7] ».

Mais le grand jour c'est le 26 décembre 1854 : « Avec quelle joie, quel bonheur, après avoir fait le tour du monde et couru les plus grands dangers, je me retrouvai au milieu de ma famille, de mes amis. Partie pour chercher la fortune, je n'avais rencontré que des périls, mais la nature m'était apparue sous ses aspects les plus variés et, s'il m'avait fallu subir des privations, endurer la fatigue, j'avais du moins vécu cette vie pleine d'émotions qui n'est pas sans charme dans la jeunesse. Je n'ai donc point à regretter d'avoir fait ce voyage[8]. » Happy end, donc !

Plusieurs journaux saluent l'équipée de Fanny Loviot : *La Presse* des 20 et 30 décembre 1854, *La Patrie* du 12 février 1855. Très fière, elle reproduira ces articles dans son livre. Mais, avec ce véritable roman d'aventures pour seul témoignage, on ne saura jamais que ce qu'elle a bien voulu dire. L'histoire des pirates est tout à fait crédible. Quelques années auparavant, l'Anglaise Anne Noble, ayant perdu son mari et son bébé dans un naufrage, avait été capturée par des Chinois et exposée à la haine des populations, trois mois durant, dans une minuscule cage. L'épisode de San Francisco est plus énigmatique quant à la nature des « affaires » de la narratrice, mais il est vraisemblable qu'elle faisait du commerce.

---

7. *Ibid.*, p. 219.
8. *Ibid.*, p. 220.

Albert Benard de Russailh, jeune journaliste arrivé à San Francisco le 4 mars 1850 et mort du choléra deux ans plus tard, a ce commentaire sur la société de la ruée vers l'or : « Qu'on n'aille pas penser que toutes les femmes exercent la même profession ; il y en a quelques-unes – en petit nombre, c'est vrai – qui se tiennent honorablement et trouvent dans une honnête profession des bénéfices fort honnêtes [9]. » Mettons Fanny dans ce groupe-là. Parce qu'elle écrit bien, qu'elle ne fait pas de déclarations vertueuses suspectes, qu'elle cite Alphonse Karr et qu'un portrait photographique nous la montre non seulement belle mais distinguée, avec des traits fins et un maintien élégant. En revanche, ne lui contestons pas le titre d'« aventurière » dans ses connotations les plus nobles !

9. *Journal de voyage en Californie à l'époque de la ruée vers l'or (1850-1852)*, Paris, Aubier-Montaigne, 1979, p. 206.

II

Les femmes de foi

> L'homme de l'Europe moderne prend à petit bruit la grande revanche des croisades. [...] La doctrine de l'Évangile est amenée à régner sur ces vastes contrées qui furent son berceau.
>
> Mlle DE VARE.

Si la foi déplace les montagnes, elle déplace aussi les « pèlerines ». En 1840, Clara Filleul de Pétigny fait un voyage à Jérusalem qui tient encore de l'expédition : bateau à voiles, montures, escorte, excursions à pied, logement sous la tente et dans les couvents. Précédé d'un avertissement édifiant – « Les ouvrages composant la Bibliothèque morale de la jeunesse ont été revus et admis par un comité d'ecclésiastiques » –, sa relation est un strict compte rendu de pèlerinage où la Palestine n'a d'identité que comme terre de la Bible [1]. Les différents récits féminins de pèlerinage ont en commun ce désintérêt pour le milieu. Face à l'accomplissement de la pieuse mission, les autres et l'ailleurs ne comptent guère. Certaines verront même dans la réalité un obstacle à la fusion mystique qu'elles recherchent avec la Terre sainte et pourront éprouver de l'hostilité envers

1. *La Palestine ou Une visite aux Lieux saints*, Rouen, Mégard, 1866.

des villes et des populations dont la tenue n'est pas assez respectueuse, à leurs yeux, du trésor chrétien. Les attitudes cultivées de cette époque romantique amènent quelques voyageuses, telle Mlle de Vare, partie vers 1858, à s'émouvoir devant des paysages ou des sites archéologiques n'ayant aucun rapport avec la vie de Jésus, mais même quelqu'un d'aussi érudit qu'elle en matière d'histoire antique ne se laisse guère distraire de son objectif : « Dresser un compte rendu exact de l'état religieux du pays [2]. »

On peut trouver pas mal d'aigreur sous ces plumes. Celle de Cornélie Delort, par exemple : « Orient, pays de débauche où le vice, traînant à sa remorque l'impudeur, assiège sans relâche et sans y être invité mais, aussi, sans être repoussé le toit qui n'est pas défendu par l'aspect imposant de la famille. [...] Les sentiments religieux seuls peuvent sauver de l'air pernicieux de l'Orient auquel on dit adieu sans regret ; c'est le tombeau de l'âme, il n'est qu'une étable humaine [3]. » Paru en 1861, son ouvrage, pour être pieux, n'est guère chrétien : « Les faubourgs [d'Alexandrie] sont peuplés d'une race d'hommes et de femmes qu'on serait tenté de surnommer les quadrupèdes humains en raison de leur vie d'écurie mal tenue [4]. »

Malgré l'état de béatitude dans lequel elle visite les Lieux saints, Jérusalem ne lui inspire que propos fades ou déplorables : « En retournant au couvent, je traverse une rue habitée par quelques lépreux. Plusieurs de ces malheureux sont aperçus au fond d'un antre obscur et leur voix lamentable demande l'aumône. Comme j'ai passé outre très rapidement, c'est tout ce que je peux constater d'eux [5]. » Pour elle, les Grecs sont des voleurs et leurs prières un charivari ; les Juifs qui vont au mur se

2. *Voyage au mont Liban*, Paris, Sarlit, 1861, p. 1.
3. *Une Française à Jérusalem*, Auch, Imprimerie de F. Foix, 1861, p. 182.
4. *Ibid.*, p. 42.
5. *Ibid.*, p. 113.

frapper la tête et pousser des lamentations feraient mieux de devenir chrétiens, ils seraient ainsi consolés ; les musulmans laissent les chiens circuler dans la mosquée d'Omar mais n'admettent pas les chrétiens : « Ô Mahomet, toute votre sagesse n'atteint pas le bas de la robe du Christ[6]. »

En voyage en Orient, où elle mourra des fièvres en 1861, Henriette Renan, la très pieuse sœur d'Ernest, est un autre exemple de ces croyantes ravies des paysages, des monuments et des Lieux saints, mais crispées devant les populations locales :

« Hélas ! Comme toutes les villes turques, Beyrouth demande à n'être vue que de loin. Dès qu'on y pénètre, toute illusion disparaît. Ses maisons ne sont pour la plupart que des masures de boue, ses rues un réceptacle d'immondices, ses habitants une agglomération de forbans et de gueux que l'on ne croyait plus de notre âge. [...] Hommes, femmes, enfants, Grecs, Francs, Turcs, maronites, Blancs, Noirs, bruns pullulent dans ces rues immondes où l'on heurte à chaque pas un âne, un chien, souvent des oies et des poules[7]. »

Pour Clara Filleul de Pétigny, les populations ignorantes et misérables font des villes des lieux affligeants, comme Jaffa, « très belle de loin, triste et dégoûtante » de près. Mme J. Motais-Avril confirme la déception de ces dames devant la réalité de Jérusalem, où « rien absolument ne flatte l'œil ni ne satisfait l'imagination ». Mais peu importe, puisque c'est l'endroit « où l'on croit voir le Sauveur partout[8] ».

Du point de vue du déplacement, le récit de Cornélie Delort atteste qu'en 1856 le pèlerinage en Palestine s'effectue déjà sur le mode du grand tourisme :

---

6. *Ibid.*, p. 117.

7. *Souvenirs et impressions. Pologne, Rome, Allemagne, voyage en Syrie*, Paris, La Renaissance du livre, 1930, p. 193.

8. *Pèlerinage (1893-1894). Jérusalem et ses merveilles*, Angers, Imprimerie de Lachèse, 1895, p. 21-22.

« La distance qui nous sépare des Lieux saints n'est pas un obstacle grâce aux voies ferrées et aux bateaux à vapeur. [...] Si l'heureuse idée d'aller en Terre sainte saisit votre cœur, ne jetez pas les yeux sur la carte de crainte que l'éloignement vous fasse reculer ; partez pour Marseille et confiez-vous hardiment aux paquebots des Messageries impériales qui possèdent tout le confort nécessaire et où vous serez entouré des soins les plus empressés [9]. »

En 1894, la fin du siècle arrivant, Lucie Félix-Faure Goyau, fille du ministre et futur président de la République, qu'elle a accompagné en mission, publie un ouvrage qui, au-delà de la posture pieuse, tend au guide de voyage avec description de tous les moyens de transport, des étapes, des sites et monuments, le tout accompagné d'évaluations esthétiques et d'informations historiques. Un tableau intéressant que celui de l'hôtel Sheppard au Caire, rendez-vous favori de la bonne société étrangère : orchestre dans la salle illuminée par des lampes électriques, femmes en toilette de bal, hommes en habit ou uniforme.

Pas d'agressivité chez Lucie Félix-Faure envers les Arabes, seulement une infranchissable distance mondaine : « Eux, ils naissent, vivent, meurent sous le puissant soleil d'Afrique, saisis par le fatalisme de leur race qui leur enseigne le secret de la résignation ; ils vivent et aucun des événements bouleversant notre monde n'atteindra leur gourbi ou ne modifiera la moindre de leurs habitudes. Aussi, nous ne nous comprendrons jamais [10]. »

Le 9 avril 1888, Léonie de Bazelaire, auteure de quelques petits ouvrages, quitte sa commune de Saint-Dié avec sa sœur Isabelle, son frère et le curé d'un village

9. *Une Française à Jérusalem...*, *op. cit.*, p. 6.

10. *Méditerranée. L'Égypte, la Terre sainte, l'Italie* [1896], Paris, Juven, 1903, p. 15.

voisin pour réaliser ce qui est pour elle le rêve des rêves : un pèlerinage à Jérusalem dit « de pénitence ». Le récit, lisse et extasié, renseigne sur un modèle de voyage très spécifique : le déplacement de grands groupes de catholiques vers la Terre sainte. « Rangés sur deux lignes pour rentrer à Djennin, écrit-elle, bannières déployées, au chant des cantiques, nous passons au milieu d'une foule curieuse et hostile [11]. »

En 1891, Louise Marquette fait le même circuit. Partis à cent soixante-dix, prêtres et pèlerins prient sur le bateau où se succèdent offices et chapelets. Au pied de la pyramide de Chéops, « malgré le vent, on dresse un autel, la messe y est célébrée pour la première fois et un *De profundis* récité pour nos soldats morts ici même [12] ». Elle se rend au lac de Tibériade, à Jaffa, Tyr, Damas, Beyrouth, Éphèse, Athènes, Corinthe, mais toujours sur les traces du Christ ou des apôtres. Tout au long du parcours, parfois à cheval, son groupe égrène des chapelets, fait des processions, entonne des cantiques, si bien qu'elle ne sait plus s'arrêter : « Quand au tournant de la colline, j'aperçois le clocher du village et les chères tombes entre lesquelles ma place est marquée, je chante de nouveau le *Te Deum* et c'est l'Alléluia sur les lèvres et encore plus dans le cœur que je franchis le seuil de ma maison [13]. »

Le passage de Mme Le Ray à Palmyre, en 1885, pour le peu qu'on en sait, car elle n'a laissé que deux fascicules [14], est toutefois digne de figurer dans les annales de l'excentricité religieuse. La voilà qui, non contente de faire consacrer ce haut lieu archéologique par un prêtre spécialement amené de Damas, jette son dévolu sur un

---

11. *Chevauchée en Palestine*, Tours, Mame et fils, 1889, p. 79.

12. *À travers la Syrie. Souvenirs de voyage*, Lille, Desclée, de Brouwer et Cie, 1892, p. 55.

13. *Ibid.*, p. 320.

14. *Voyage aux ruines de Palmyre*, Lyon, Imprimerie générale, 1885 ; *Sixième voyage en Orient*, Lyon, Imprimerie Vitte et Perrussel, 1889.

mur antique pour y faire graver une inscription commémorative de deux mètres de long.

Ces ouvrages prosélytes correspondent à une période de retour vers la foi. Après la Révolution et l'Empire, les royautés restaurées ont favorisé l'influence de l'Église. Avec les changements politiques qui suivent, l'offre, si l'on peut dire, se diversifie. À côté du mouvement catholique traditionnel et réactionnaire apparaissent de jeunes prêtres libéraux comme Lamennais ou Lacordaire, qui prônent l'alliance de l'Église avec la démocratie et l'orientent vers l'enseignement et la charité. L'action et la propagande s'intensifient avec conférences, publications, écoles, patronages et sociétés comme celle de Saint-Vincent-de-Paul.

Vers 1840, l'Église orthodoxe essayant de confisquer la garde des Lieux saints confiée aux catholiques latins, ces derniers multiplient leurs établissements, ce qui favorise le développement du pèlerinage. En 1882, par exemple, Thomas Cook, premier tour-opérateur et ancien missionnaire baptiste très attaché à développer le tourisme religieux, organise un pèlerinage de plus de mille personnes. Nos voyageuses proposent donc leurs récits militants dans un contexte où les craintes concernant les Lieux saints et la montée du mouvement libéral à l'intérieur de l'Église constituent, en réaction, un parfait terreau pour la bigoterie.

III

Les missionnaires

> Si j’étais sur un port, rien ne m’empêcherait de partir.
>
> Sœur Anne-Marie JAVOUHEY.

En ce XIXe siècle, dans le sillage des conquêtes, l’évangélisation et l’installation des missions transportent aussi des religieuses au loin. C’est comme laïque militante d’une association pour la propagation de la foi que Marie-Françoise Perroton s’embarque pour l’Océanie avant de devenir sœur mariste, quand l’ordre s’y implante. Ouvrière du textile à Lyon puis gouvernante, elle a déjà quarante-neuf ans quand, le 15 novembre 1845, elle quitte la France pour Wallis d’abord, Futuna ensuite. Le voyage prend onze mois. Le bateau ne transporte que des gens de religion, si bien que la vie de navigation est convertie en vie de couvent. On se lève tous les matins à quatre heures et demie pour la prière et la messe. Après le petit déjeuner, c’est l’étude jusqu’à seize heures, moment du repas quotidien, puis les pères font le catéchisme à l’équipage. L’itinéraire par Madère, la Patagonie, Valparaiso, les îles Marquises et Tahiti expose le bâtiment à des tempêtes pendant lesquelles Marie-Françoise « fatigue la Sainte Vierge en récitant chapelet sur chapelet[1] ». Elle restera au bout du monde jusqu'à sa mort, évangélisant des jeunes filles. Sa vie à l'abri des dangers dans un territoire paisible et sous la protection d'un ordre bien établi ne lui vaut que les souffrances de la solitude, même s'il semble qu'elles aient été aiguës.

Mais l'évangélisation peut aussi exposer aux plus grands périls et signifier, y compris pour des femmes, le sacrifice de la vie. Jane Dieulafoy, en Perse vers 1880 pour des fouilles archéologiques, témoigne de l'effrayante mortalité parmi les religieuses françaises : « Sur neuf sœurs envoyées l'année dernière, trois ont succombé en arrivant à la suite de refroidissements contractés en traversant des rivières à cheval ; trois autres sont mortes de fièvres typhoïdes ou d'accès pernicieux[2]. »

On mesure la dimension dramatique que peut prendre l'engagement religieux à travers le destin de Christiana Coillard raconté dans le journal de son mari, François Coillard, grande figure de l'évangélisation protestante en Afrique du Sud. C'est en 1861 qu'elle épouse le missionnaire installé à Leribe, au Lesotho : « Elle était très intellectuelle, spirituelle ; elle aimait la société. Les travaux du ménage lui étaient antipathiques. L'Afrique était pour elle le tombeau de toutes ses ambitions et de tous ses goûts[3]. » Elle pleure jusqu'au jour où, après avoir brûlé ses souvenirs, elle se décide à affronter sa nouvelle existence en fondant une école de jeunes filles. On la voit photographiée devant sa case de terre dans une cour poussiéreuse et aride, en tenue européenne avec un chapeau de ville.

---

1. Claude Rozier, *Marie-Françoise Perroton (1796-1873). Une figure de proue de la mission mariste en Océanie*, Paris, Éditions Osmondes, 1997.

2. « La Perse, la Chaldée et la Susiane (1881-1882) », *Le Tour du Monde*, 1883, I, p. 60.

3. Édouard Favre, *La Vie d'un missionnaire français, François Coillard (1834-1904)*, Paris, Société des missions évangéliques, 1922, p. 107.

Bientôt, la guerre entre Boers et Basutos ravage le pays. Alors que la santé de François Coillard s'est gravement altérée, le couple est expulsé vers le Natal, où Christiana tombe malade à son tour. Par décision de leurs autorités religieuses, ils sont ensuite mutés à la mission de Motito, qu'ils atteignent au bout d'un voyage épuisant, toutefois moins dangereux que celui de leurs collègues : « M. Price est allé de l'autre côté du Zambèze, bien loin d'ici, pour y commencer une mission parmi les Makolos. Il n'était pas seul mais il fut le seul qui revint vivant. Ce qu'il eut à souffrir dépasse tout ce que j'ai entendu. Sa femme, son enfant, ses compagnons, M. et Mme Helmore et deux de leurs enfants et plusieurs de leurs domestiques périrent presque en même temps [4]. »

Au bout de seize années d'abnégation, alors que Christiana et François Coillard attendent l'autorisation de rentrer en France, ils reçoivent l'ordre d'aller évangéliser les Banyais. Le coup est terrible : « Oh ! ce que nous avons souffert ! Nous priions ensemble. Nous fondîmes plus d'une fois en larmes et en sanglots à genoux devant Dieu [5]. » L'expédition comporte quatre évangélistes accompagnés de leurs femmes et de cinq enfants en bas âge. Une nièce de François Coillard, Élise, s'est jointe à eux. Cette fois, il faut quatre mois pour gagner les territoires de tribus très hostiles, où ils risquent la mort. Faits prisonniers, ils sont ramenés chez l'ennemi au terme d'un affreux voyage de trois semaines. Ils sont à peine libérés que leurs autorités les envoient fonder une mission au Zambèze. La traversée du désert du Kalahari est une autre terrible épreuve. Quelques-uns de leurs compagnons meurent. Christiana, Élise et plusieurs enfants échappent de justesse au même sort.

4. *Ibid.*, p. 118.
5. *Ibid.*, p. 132.

Le 18 novembre 1879, les Coillard rentrent enfin en France. Afin de trouver des moyens pour fonder des missions, ils sillonnent l'Europe sans repos. Le 12 mai 1882, ils repartent. Leur chère station de Leribe, en quelque sorte leur maison en Afrique, a été ravagée par les guerres. Ils reprennent la route du Zambèze. Pluies, bourbiers, bœufs et chevaux malades, insubordination des porteurs les éprouvent. À Sefoula, par une chaleur torride, ils doivent vivre dans un wagon : « Nous sommes, Christiana et moi, depuis notre arrivée ici, sous l'empire d'une indicible fatigue. Nous n'avons jamais, à ma souvenance, éprouvé rien de pareil[6]. » L'envoi de renforts n'améliore que temporairement leurs conditions d'existence. La mort du médecin venu les rejoindre, l'incendie de leur habitation, les menaces sur leurs vies dans un pays en proie aux guerres, les incursions du léopard dans l'enclos du bétail, tout cela les mine. En octobre 1891, un vautour attaque Christiana, précipitant sa mort.

François Coillard rentre en Europe pour quelque temps puis retourne au Zambèze. En 1904, on l'enterre aux côtés de sa femme. « L'ombre de la mort plane toujours sur nous. Il ne faut pas vous étonner d'apprendre de nouveaux deuils. Nous n'ouvrons jamais nos lettres de la mission sans battements de cœur[7] », écrivait un jour l'épouse d'un missionnaire à Coillard, avec une noble économie d'effets.

Les voyageuses françaises du XIXe siècle comptent deux religieuses fondatrices d'ordres dans les colonies : sœur Anne-Marie Javouhey, béatifiée, et mère Émilie de Vialar, canonisée. La première, qui a séjourné de 1822 à 1843 au Sénégal et en Guyane, a laissé une correspondance qu'on ne peut considérer, bien évidemment, comme un récit de voyage mais qui manifeste un grand

6. *Ibid.*, p. 189.
7. *Ibid.*, p. 285.

intérêt pour les peuples étrangers, authentique attitude de voyageuse : « Il y a bien des observations à faire sur un peuple aussi sauvage et cependant si doux, dit-elle à propos de ses voisins pasteurs du Sénégal. [...] Leur vie a du rapport avec celle des patriarches de l'Ancien Testament ; ils gardent les troupeaux et couchent sous des tentes sur une simple natte. Leurs campements, leur costume, leur manière de prier, tout excite ma curiosité [8]. »

Émilie de Vialar, elle, arrive en 1835 en Algérie, où le choléra fait rage. Elle se dévoue aux malades avec les religieuses de la congrégation de Saint-Joseph-de-l'Apparition qu'elle a elle-même fondée. Entre 1835 et 1846 elle fera de nombreux séjours en Afrique du Nord et se rendra à Malte. Mais pour elle, toute à sa foi et à la gestion de ses établissements, le voyage n'est qu'un déplacement de son univers. Elle ne succombera pas à l'attraction touristique au-delà de cette mention dans sa correspondance : « J'ai vu Athènes et ses antiquités [9]. »

On sait, par leurs biographies respectives, que ces deux femmes entreprenantes, dynamiques et courageuses, si elles n'ont pas eu à connaître le danger des tribus guerrières, n'ont point échappé à l'hostilité de leur hiérarchie masculine.

---

8. *Pour Dieu, au bout du monde*, Paris, Éditions du Cerf, 1993, p. 45.

9. Cité par Agnès Cavasino, *Émilie de Vialar, fondatrice. Les sœurs de Saint-Joseph-de-l'Apparition : une congrégation missionnaire*, Fontenay-sous-Bois, Congrégation de Saint-Joseph-de-l'Apparition, 1987.

IV

Les globe-trotteuses

> C'est peut-être un long voyage comme celui des oiseaux qui passent par bandes et traversent les océans, et moi, il faut partir seul.
>
> Gustave FLAUBERT.

Louise Bourbonnaud n'aime rien tant que la France, et les cent quatre-vingt mille kilomètres qu'elle va parcourir en quatre voyages ne lui vaudront chaque fois qu'une grande joie : celle de rentrer.

En août 1885, elle débarque à New York, rapidement libérée par les services de l'immigration – contrairement, se soucie-t-elle, aux pauvres migrants des soutes. Il est presque dix heures du soir quand elle se met en quête d'un hôtel. Comme toujours quand il lui arrivera de traverser des villes inconnues, tard dans la nuit ou avant l'aurore, elle le fait dans une grande tranquillité d'esprit car les tueurs de dames l'inquiètent moins que les hommes sans éducation. Mais ce soir-là, seule loin de sa patrie, elle doit s'encourager : « Que n'es-tu avec moi, mon cher mari ! Je tâcherai de ne pas rendre inutile cette portion de ma vie qui se prolonge après la tienne car, si tout passe, tout existe néanmoins. Et quelle raison aurais-je d'exister sinon de cultiver mon esprit et de le cultiver sans cesse puisque de cette façon seule j'apprendrai à connaître le vrai[1] ? »

Chez elle, le voyage est une addiction. « Qui a bu boira », dit-elle de ses départs. Cependant, curieuse voyageuse, Louise Bourbonnaud est aussi une voyageuse peu curieuse. Passant plus de temps dans les wagons de chemin de fer, les cabines de bateau et les hôtels qu'à explorer le monde alentour, elle traverse le continent américain du nord au sud et d'est en ouest, va de Paris à Tokyo, pour nous livrer au total des expériences d'habitacle. Il lui faut irrépressiblement partir, mais pour elle l'ailleurs est plus une histoire de transports que de destination. Comme dans parcourir il y a courir, elle se précipite de trains en bateaux et, à la manière de Phileas Fogg, « fait » San Francisco en deux jours, Tokyo en deux heures.

Il lui arrivera, malgré tout, d'avoir le regard disponible pour des scènes exceptionnelles : « À tribord, l'horizon est en feu, le soleil se répand en merveilleux épis qui réfléchissent dans la mer leurs gerbes d'or, puis il descend, descend, va se perdre sous l'horizon en y laissant des traces lumineuses ; au même instant à bâbord la lune apparaît, éclaire tout ce côté de sa lumière douce et argentée. Il n'y a que l'océan pour offrir des spectacles pareils. Je n'ai de ma vie rien vu d'aussi beau[2]. » Dans une atmosphère de grâce, après des jours de mal de mer, elle achève sa première traversée de l'Atlantique. Le Gulf Stream enveloppe tout de sa douceur, la mer est calme et le danger des icebergs passé. Du face-à-face avec l'un d'eux elle est d'ailleurs sortie, à sa manière, moins effrayée qu'intéressée par « ce magnifique bloc sur lequel la lumière

1. *Les Amériques. Amérique du Nord, les Antilles, Amérique du Sud*, Paris, Jouve, 1889, p. 25.
2. *Ibid.*, p. 20.

ruisselle, qui semble d'argent pur dont la hauteur atteint le ciel[3] ».

Elle adore tout de suite Montréal, comme elle adorera Pondichéry, Saigon, la Guadeloupe, les lieux où la France se manifeste par sa langue, ses ressortissants, ses amis, sa culture – autant de pierres du gué qui lui fait traverser le monde. Pourtant, elle a peu d'attention à accorder à ce qu'elle est venue voir. Il est vrai qu'elle s'impose un rythme confondant. Ainsi, pratiquement sans pauses, elle avale douze heures de navigation entre Québec et Montréal, traverse l'immense lac Ontario, visite les chutes du Niagara, continue en train jusqu'à Chicago puis San Francisco, La Nouvelle-Orléans, l'Alabama, la Géorgie, la Virginie, Washington et New York où elle s'embarque pour la France : « La terre de France ! La terre promise ! Mon cœur bat d'une joie folle. Pourquoi quitter cette terre bénie de la patrie[4] ? »

En Amérique, la nourriture la rebute, les manières ne lui plaisent pas. L'éducation relâchée des Blancs, leur goût de l'alcool et des armes lui inspirent une antipathie profonde. Toutes les voyageuses se plaindront d'ailleurs de leur manie de cracher partout. « C'est le peuple le plus expectorant de l'univers », dira Olympe Audouard. Mais les Noirs que côtoie Louise Bourbonnaud dans les pullmans l'exaspèrent aussi : « Rien de plus laid que ces négresses qui chiquent en mangeant des pommes, rien de plus grotesque que ce Noir en pantalon gris collant, jaquette courte, chapeau haut de forme qui se prélasse, fier de son élégante toilette au milieu de ces créatures repoussantes[5]. » Parler d'attitude raciste à son propos serait cependant se priver du terme pour d'autres voyageuses qu'elle aurait scandalisées par son appréciation sur Toussaint Louverture,

3. *Ibid.*, p. 13.
4. *Ibid.*, p. 125.
5. *Ibid.*, p. 87.

« qui prouva bien en combattant pour l'indépendance des siens que sous une peau noire on peut trouver un grand cœur et une grande intelligence[6] », comme par l'initiative qu'elle prend, à Dakar, de se faire conduire par des Sénégalais dans leurs villages pour voir comment ils vivent.

Mais dans l'ensemble, son chauvinisme la tient à distance de toute société étrangère, et ne l'intéresse que ce qui vient se raccrocher à son expérience. Ainsi, quelques jours après la mort du président des États-Unis, Chester A. Arthur, le spectacle de New York drapée de voiles blancs et noirs, « lugubrement féerique », lui inspire des lignes où l'on sent sa propre pulsation entre l'angoisse du deuil et l'énergie du mouvement : « La ville aurait l'air d'être livrée aux puissances infernales si l'on ne voyait cependant la vie s'y épanouir largement[7]. » Son mari ayant été un grand entrepreneur parisien proche du baron Haussmann, elle est curieuse d'architecture. Les immeubles, si hauts soient-ils, ne l'impressionnent pas particulièrement, mais elle admire beaucoup le pont de Brooklyn et... les bâtiments des Postes : « Comme je comprends bien le sentiment instinctif qui porte à élever luxueusement ces sortes d'édifices publics les plus intéressants de tous ; et qu'on aime le *post office* d'une affection vague, qu'on se plaise à employer du marbre pour ses murailles, que l'on pare de fleurs ses cours où s'arrêtent fièrement les voitures aux ardents courriers apportant là les flots de correspondance du monde entier[8]. »

En 1886, un an presque jour pour jour après son départ pour l'Amérique du Nord, elle attaque l'Amérique centrale : « J'ai soif d'horizons inconnus. Il faut que j'aille loin, bien loin encore[9]. » Cette boulimie

6. *Ibid.*, p. 145.
7. *Ibid.*, p. 29.
8. *Ibid.*, p. 114.
9. *Ibid.*, p. 127.

la pousse à travers le Mexique, où elle apprécie la capitale, les paysages et la francophilie des habitants, et vers les îles, Cuba, Saint-Domingue, Haïti, la Guadeloupe. Il arrive que des ouragans ou des épidémies l'empêchent d'accoster, mais elle n'en éprouve aucun dépit. De fait, la navigation lui réserve le plaisir de vivre en société. Seule femme à bord, elle jouit de l'attention générale : le représentant français des Postes qui accompagne le courrier l'emmène en excursion, elle joue avec le petit chien du commandant, on lui fait des cadeaux précieux à ses yeux, dont des partitions de chansons locales. Le bateau représente un foyer. Il la protège contre cette immensité du monde qu'elle recherche et fuit tout autant. Et quand vient le moment du retour à Paris, « la reine du monde », son désir profond s'accomplit : réintégrer sa patrie.

Encore un an et, en 1887, voyageuse méthodique, elle s'embarque pour l'Amérique du Sud : « Cette sorte d'ennui qui me dévore, m'obligeant à chercher toujours d'autres climats et d'autres cieux ; mais demeurer seule et avoir dans le cœur l'inguérissable blessure qu'y a laissée l'absent pour toujours... Partons donc[10] ! » Escale à Dakar. Saint-Louis du Sénégal, où elle se rend en train, lui offre deux repères : la statue du général Faidherbe et le couvent des sœurs de l'Immaculée-Conception. C'est dans cette région qu'elle se rend dans un village seule avec des Africains, révélant soudain de vraies qualités de voyageuse – audace, curiosité, absence de préjugés –, elle qui donne si fréquemment des signes de simple bougeotte.

La traversée vers l'Amérique du Sud est très pénible, Louise est malade tout du long, un bébé meurt à bord, une scène lugubre se joue dans l'océan quand des espadons attaquent et tuent une baleine. Elle admire la beauté de Salvador de Bahia, « grande belle ville », mais

10. *Ibid.*, p. 204.

ne lui accorde qu'un jour. Il semble que la baie de Rio de Janeiro ne lui inspire aucune émotion particulière. Seule la séduit cette rue do Ouvidor bordée de commerces français que toutes les voyageuses mentionnent. Dans son chauvinisme hallucinatoire, elle s'imagine que tout le monde parle sa langue et elle voit le drapeau tricolore flotter partout. Montevideo ne lui plaît pas. Buenos Aires non plus : le froid et la pluie l'empêchent de sortir ou lui font passer ses après-midi dans les salles de spectacle à voir des « panoramas ». Dans ces conditions, ce qu'elle craint le plus survient au bout de quelques jours : non le danger mais l'ennui ! Le réconfort viendra de ses berlues cocardières qui lui feront entendre fredonner *La Marseillaise* à tous les coins de rue. Devant le lycée Condorcet, la Banque française, les Magasins du Printemps, les bouteilles de bordeaux, elle exulte : « C'est l'univers entier qui proclame en toutes choses la supériorité de la France [11]. » Elle rentre, comme elle est partie, par Rio et Dakar. Un commentaire sur le frai des huîtres achève abruptement un récit qui, probablement, ne l'intéresse plus.

Elle se réveille un an plus tard, en 1888, à Pondichéry : « Maintenant que je suis en territoire français, je vais ouvrir tout grands mes yeux et mes oreilles [12]. » Elle arrive en train de Bombay et Madras, ayant mis quarante heures au lieu des trente-six annoncées – retard qui l'a un peu agacée. Pour elle, les Français qui disent l'Inde magnifique n'y ont jamais mis les pieds car de son wagon elle n'a vu qu'« un bien misérable pays peuplé, par-ci, par-là, de misérables habitants [13] ».

Encore une fois, son parcours est à la mesure de ses ambitions : Bombay, Madras, Pondichéry, Ceylan.

11. *Ibid.*, p. 243.
12. *Les Indes et l'Extrême-Orient. Impressions de voyage d'une Parisienne*, sans mention d'éditeur ni de date, p. 66.
13. *Ibid.*, p. 49.

« De là, j'irai plus loin encore. Je retrouverai sur ma route d'autres colonies françaises, d'autres contrées où ma chère patrie a planté son drapeau dans les plis desquels elle apporte la civilisation et la liberté. [...] Je reverrai encore flotter sur les océans ce cher pavillon tricolore que je salue tout le temps avec tant d'émotion chaque fois que le hasard amène sur ma route un navire de mon cher pays [14]. »

Elle continue vers Singapour puis Saigon, où elle tient neuf jours, ravie des rues, des bâtiments, des arbres, des officiers en uniforme, des dames en tenue parisienne, du spectacle superbe de la colonisation. Mais ravie aussi, à Cholon, de ce genre de foule que ne supportaient pas les pieuses voyageuses : « Quelle population grouille là-dedans ! Hommes, femmes, enfants, chiens, porcs, poules vont et viennent, sautent d'un bateau à l'autre, crient, aboient, grognent, caquettent avec un entrain extraordinaire [15]. »

Louise Bourbonnaud reprend la mer pour des jours et des jours de supplice dans les tempêtes. Elle entrevoit Hong Kong et Shanghai. Aussitôt arrivée au Japon, selon son habitude elle s'enquiert du retour. Dans la soirée un bateau part pour l'Europe, alors elle réserve sa place, se jette dans un train, passe deux heures à Tokyo et reprend la mer. Frustrée malgré tout, elle se promet de revenir voir le Fuji Yama après avoir traversé la Sibérie. Projet à sa mesure ! Mais 1889 puis 1890 passent et l'on restera définitivement sans nouvelles, ni bonnes ni mauvaises. Ainsi, de cette touriste émérite nous ne connaîtrons sans doute jamais que ces quelques années de pérégrinations obsessionnelles et atypiques.

À la même époque, une autre Française, âgée de cinquante-deux ans et veuve elle aussi, se lance dans d'immenses voyages solitaires. En 1892, Isabelle

14. *Ibid.*, p. 105.
15. *Ibid.*, p. 175.

Massieu visite le Liban. En 1894, elle parcourt Ceylan, les Indes, le Cachemire, le Pendjab, le Ladakh, gravissant les pentes de l'Himalaya jusqu'à une altitude frisant les six mille mètres. En 1896, elle entreprend un périple de quinze mois en Indochine. Elle enchaîne avec le Japon, la Chine, la Mongolie, la Sibérie, le Turkestan et le Caucase. En 1908, elle se rend au Népal, au Sikkim et au Bhoutan.

Comme Louise Bourbonnaud, en cette fin de siècle Isabelle Massieu dispose de moyens maritimes et ferroviaires rapides et confortables pour atteindre les plus grandes villes. En Asie, son voyage commence par les grands sites touristiques. Au Cambodge, elle est confondue par Angkor Vat, véritable « symphonie architecturale ». « Je ne saurais, dit-elle, passer sous silence le sentiment d'écrasement et de confusion qui saisit tout voyageur devant la splendeur de cet art khmer[16]. » Siam, Laos, Birmanie, Annam : partout elle va de pagode sublime en palais magnifique.

Le voyage prend toutefois un tour particulièrement audacieux quand elle gagne Hué par la Birmanie et le Laos, d'ouest en est, traversant des régions à peine explorées. À vol d'oiseau, mille cinq cents kilomètres de jungle, de montagnes, de vastes forêts peuplées de tigres, de serpents et d'insectes qui ne lui inspirent aucune peur. Elle a même pour théorie que dans cette région du monde l'homme domine l'animal par la seule force de la douceur et de l'affection. Comme en Inde, cette exploratrice des coins les plus reculés progresse à cheval avec des domestiques, tout un équipement et, en guise de réserve alimentaire, un troupeau de moutons et de chèvres. Quand elle doit cheminer à dos de buffle ou de yak dans l'Himalaya, elle ne ressent qu'un profond sentiment de sécurité.

16. *Comment j'ai parcouru l'Indochine. Birmanie, États shans, Siam, Tonkin, Laos*, Paris, Plon-Nourrit, 1901, p. 26.

Voyageuse ni fière ni modeste, Isabelle Massieu ne s'attache pas à faire apparaître sa personnalité : elle laisse la parole aux lieux. Voyageuse anesthésiée aussi, elle avance, si l'on peut dire, sans distance, prenant le monde comme il est – ce qu'illustre son jugement sur le sort des gamines recrutées pour les harems du Siam : « Repérée dès l'âge de dix ans, [la fillette] grandit en âge et en sagesse car les matrones sont là pour empêcher tout écart de conduite. Si le souverain la remarque, son avenir est assuré ainsi que celui de sa famille. [...] Ne connaissant pas les douceurs de l'indépendance, [les filles] ne s'en soucient pas et leur vie s'écoule sans histoires [17]. » Quant à l'esclavage et à la tendance des parents à vendre leurs enfants pour payer leurs dettes, c'est sans émotion particulière qu'elle en constate l'existence. Peu ouverte aux autres, elle ne déteste pas les préjugés. « Les Birmans sont voleurs », décrète-t-elle. Et à propos d'un hôpital de lépreux fondé par une mission catholique : « Depuis deux ans une paysanne bretonne est venue porter secours, Anne Jégu, et une Anglaise d'une classe plus relevée [18]. » *Sic !*

En Indochine, elle voyage sous protection, ici du gouverneur français, là du gouverneur anglais de Birmanie, ailleurs d'un jeune prince à qui le roi du Siam l'a confiée. Et, chose intrigante, elle va visiter des postes militaires isolés. Est-elle, alors, investie d'une mission gouvernementale ? Sa détermination à atteindre des endroits impossibles, sa facilité à obtenir les autorisations et la logistique nécessaires permettent de s'interroger sur le statut de cette expédition. On pense d'autant plus à un travail d'agent des intérêts français qu'Isabelle Massieu ne quitte aucune des contrées sans conclure sur les avantages économiques que la métropole pourrait en retirer : il y a au Cambodge, au Siam,

17. *Ibid.*, p. 68.
18. *Ibid.*, p. 152.

au Laos des richesses que la France « ne doit pas laisser échapper ». L'Indochine est très riche, insiste-t-elle, il faut y développer l'implantation coloniale.

Mais peut-être n'est-elle que voyageuse géographe – géographe de terrain, s'entend. Ses ouvrages servent abondamment, rigoureusement, minutieusement cette discipline. Elle deviendra d'ailleurs membre de la Société française de géographie et aura à ce titre toute une activité de conférencière.

Cette femme à l'audace unique, photographe elle-même, a rassemblé une anthologie en cinq volumes de la production photographique de son époque sur l'Asie du Sud-Est et le Moyen-Orient. Une sélection savante qui comporte des clichés aujourd'hui précieux. Sa correspondance avec Paul Claudel, rencontré en Chine, nous vaut le plaisir d'un ton inattendu chez le grand écrivain : « Si l'on boit à Hank'éou, lui écrit-il, ici [à Shanghai] l'on mange. Car à quoi pourrait-on inviter ses amis qu'à venir partager sa pâture ? Aussi suis-je le convive d'innombrables gueuletons, et comme ce régime est complété par une saine diète intellectuelle, je prospère comme un chou, et franchis peu à peu cette limite imperceptible qui sépare le vague de la rêverie de celui de l'imbécillité [19]. »

---

19. Lettre du 1er décembre 1897, *Bulletin de la Société Paul Claudel*, n° 123, 3e trimestre 1991, p. 2.

V

Une expéditionnaire en Afrique

> Je demande au libraire :
> « Vous avez un ouvrage pas savant facile à lire sur le Soudan ?
> – Oui, madame », me répond-il.
> Et il me tend un bouquin intitulé : *Terre de mort.*
>
> Raymonde BONNETAIN.

En 1892, Raymonde Bonnetain arrive en Afrique avec son mari, sa fille de sept ans et le « demi-frère » de celle-ci : le chien Typ, un lévrier qui prend sa quinine comme tout le monde. Elle s'embarque, à vingt-quatre ans, dans une aventure extrêmement risquée car le Soudan d'alors – Mali d'aujourd'hui –, dont la conquête militaire est en cours, ne ménage pas ses visiteurs : aucune infrastructure, aucun confort, aucune vie civile et toutes les maladies pernicieuses. « Ce que je sais bien, dit-elle avant son départ, c'est qu'on meurt beaucoup là-bas [1]. » Effectivement, à Kayes où elle va séjourner, la mortalité est élevée dans la garnison. Quant au soleil, son mari, bon écrivain de

1. *Une Française au Soudan. Sur la route de Tombouctou, du Sénégal au Niger*, Paris, Librairies-Imprimeries réunies, 1894, p. 3.

l'époque, lui consacre une nouvelle intitulée *Le Monstre* – c'est dire ! Paul Bonnetain s'est vu chargé d'une mission d'observation qui, plus tard, fera de lui le directeur des Affaires indigènes au Soudan. Raymonde le suit : « À cause du climat, Monsieur voulait s'en aller sans nous (les meilleurs maris sont ainsi). J'ai tenu bon. Son devoir était de se mettre en route, le mien de le suivre. Il y a des ménages qui s'accommodent des séparations, le nôtre pas [2]. »

Au Soudan, les Français sont engagés dans des opérations militaires qui préludent à la constitution d'un immense territoire colonial de huit millions de kilomètres carrés, les futures Afriques occidentale et équatoriale françaises, l'AOF et l'AEF. Les combats opposent alors la France à deux empires musulmans : celui d'Ahmadou, sur la rive gauche du Niger où se trouvent les Bonnetain, dont la conquête est en train de s'achever ; celui du chef Samory, féroce marchand d'esclaves qui tue, pille et capture. Raymonde Bonnetain se désole de l'impuissance de la France face à la traite musulmane. Passe encore, concède-t-elle, pour l'esclavage local, mais « les vrais malheureux sont [...] ceux que les Arabes de Zanzibar et d'ailleurs raflent. [...] Ces pauvres gens sont en effet transportés à des milliers de kilomètres de leur pays, martyrisés en route ; et ceux qui résistent à cet affreux voyage sont vendus à des gens chez qui l'esclavage n'a plus rien de patriarcal [3] ». Elle dénonce l'irresponsabilité de la France et sa négligence vis-à-vis de ses propres hommes, mal soignés, mal nourris, mal logés, mal vêtus, avec, par cinquante degrés, l'uniforme standard de l'armée française. Les Bonnetain ne mettent pas en cause la politique de conquête et d'occupation ; ce qui les blesse, c'est d'en voir gâcher les effets par l'incurie.

2. *Ibid.*, p. 87.
3. *Ibid.*, p. 72.

Au cours d'un long séjour en brousse, il arrive un jour que le mari, parti à la chasse aux « golos », ne rentre pas. « Monsieur tirer golos, lui attaquent, lui crevé[4] ! » argumentent les boys pour ne pas aller le chercher. « Du français ils savent les seuls mots qu'ils ont appris près de nos troupiers[5] ! » se désole Raymonde une fois que tout est rentré dans l'ordre.

Elle aime relever le défi de ce voyage dont tout le monde a voulu la détourner. Ainsi, dans une pauvre station de garnison grillée de soleil, elle organise si bien son intérieur que rien ne manque du décor métropolitain, ni les divans, ni les miroirs, ni les petits cadres, ni le piano, ni les rideaux. En brousse pour plusieurs mois, elle maîtrisera totalement l'intendance, les douches quotidiennes de la famille, les soins à tous en cas de maladie, la nourriture de trente-neuf personnes plus celle des chevaux, des ânes, des chèvres et des moutons, des deux singes, du chien et des poules. Développant ses photos, tenant son journal, donnant des leçons à sa fille, elle ne risque pas de ressembler à ces « Blanches » de Saint-Louis du Sénégal vivant enfermées parce que, pour sortir, « il faudrait se secouer, s'habiller, se corseter, et le courage manque à ces dames après la débilitante sieste du jour[6] ».

Raymonde Bonnetain est décidée, vive, sympathique. Le ton de son journal traduit la forte personnalité d'une femme qui réfléchit sans préjugés sur ce qu'elle voit. Alors comment interpréter les « rastaquouères », « moricauds », « grands diables de singes à débarbouiller de leur cirage » et « puante négraille » qui viennent sous sa plume en même temps qu'elle trouve les Noirs « bons et charitables » ? L'histoire de Belvinda est une réponse à cette délicate question du degré de racisme des

4. *Ibid.*, p. 359.
5. *Ibid.*
6. *Ibid.*, p. 49.

voyageuses, qu'il vaut mieux évaluer à partir de leurs comportements que de leur langage quand « nègre », écrit sans majuscule, est le terme en usage pour désigner un Noir et que, accentuant l'écart culturel, l'absence de censure d'alors s'oppose au politiquement correct d'aujourd'hui.

Donc, la jeune femme, qui sait qu'elle ne peut plus avoir d'enfants, se met à penser que sa petite fille, Renée, a besoin d'une compagne. Elle envisage alors d'acheter une esclave, « une orpheline, une de ces malheureuses enfants que la guerre laisse dans la brousse où soldats indigènes et mercantis, non moins indigènes, à la suite des colonnes, ramassent leur butin vivant [7] ». On lui en propose une, âgée d'environ six ans « d'après la dentition ». « Je me demande si c'est bien moi qui écris ces horreurs ! [...] Quelle horrible chose que l'habitude ! [...] J'arrive à parler de ces infamies tranquillement comme s'il s'agissait de l'achat d'un animal ! [...] Ah ! je comprends que des gens se refusent à croire en voyant le bon Dieu tolérer ces atrocités [8] ! » La petite fait pitié, « sa pauvre chair de martyre est couverte de cicatrices et de crasse [9] ». Son dernier maître, un Bambara, lui a infligé, en plus des coups, des scarifications grossières qui font de vilains bourrelets sur son visage. Emportée par la détresse de l'enfant, Raymonde l'achète contre l'avis du médecin, qui la croit tuberculeuse, et malgré les protestations de son mari : « Je n'ai pas envie, lui dit-il, de te voir pleurer comme une Madeleine le jour où nous la perdrons [10]. » Elle va soigner et chérir la fillette : « Un bon baiser sur ce front noir, voyez-vous docteur, ça vaut mieux que toute votre pharmacie [11] ! » Très vite, les Bonnetain parlent de

7. *Ibid.*, p. 194.
8. *Ibid.*, p. 190.
9. *Ibid.*
10. *Ibid.*, p. 200.
11. *Ibid.*, p. 202.

« leurs enfants », et pendant l'expédition en brousse le chien dort entre les lits de camp des deux gamines. *Une Française au Soudan* reproduit la photo, prise à Paris un an après leur retour, de deux élégantes petites demoiselles, Renée et Belvinda.

Ayant gagné Dakar pour embarquer, la famille échappe à une épidémie de choléra, mais sur le bateau Raymonde est prise d'une violente crise de paludisme qui met ses jours en danger et nécessite son hospitalisation à Bordeaux. Elle n'est pas la seule d'ailleurs à tomber malade dès l'épreuve terminée. Jane Dieulafoy et Mme Chantre, pour ne citer qu'elles, partagent cette expérience bien compréhensible !

À peine guérie, Raymonde sent déjà naître en son cœur la nostalgie de l'Afrique. Les Bonnetain repartiront au Soudan de 1894 à 1895 – « notre nouvel exil », mentionne Paul dans une dédicace à un ami –, puis on sait que lui ira aux Antilles et en Guyane avant de devenir commissaire du gouvernement au Laos. On peut imaginer que son épouse a mis la même détermination à le suivre. Mais en 1899, alors qu'il n'a que quarante et un ans et elle trente et un, survient en Indochine la mort de ce mari tant aimé et admiré. « Ce voyageur robuste qui a fait ses preuves sous toutes les latitudes[12] », disait-elle, ignorant que les climats délétères finiraient par le conduire au suicide.

Que devient alors Raymonde, et qu'est devenue Belvinda ? On pense à *Ourika*, roman sentimental de Mme de Duras paru en 1825 : « Je fus rapportée du Sénégal, à l'âge de deux ans, par M. le chevalier de B., qui en était gouverneur, raconte Ourika. Il eut pitié de moi un jour qu'il voyait embarquer des esclaves sur un bâtiment négrier qui allait bientôt quitter le port : ma mère était morte, et on m'emportait dans le vaisseau,

12. *Ibid.*, p. 5.

malgré mes cris. M. de B. m'acheta[13]. » Parvenue à l'adolescence, Ourika, qui a été élevée comme les autres enfants de cette famille aristocratique, prend conscience de l'exclusion qui l'attend dans sa vie d'adulte : « Je ne pouvais en effet me rattacher à la vie que par l'idée d'être nécessaire ou du moins utile à ma bienfaitrice, [...] moi qui jamais ne devais être la sœur, la femme, la mère de personne[14]. »

Quant aux critiques portées par Raymonde Bonnetain sur la médiocrité de la colonisation, elles ne sont pas restées sans conséquences, si l'on en croit l'article qu'elle fournit en 1896 à la *Revue encyclopédique* à l'issue de son deuxième séjour au Soudan :

« On aurait pardonné à mon mari ses rapports officiels dûment étouffés. On ne me pardonna point les semblants de révélations de mon bouquin. Je fus, sans galanterie, citée à la tribune de la Chambre et, durant qu'on m'octroyait un ruban violet, on mettait mon mari en disponibilité. Je ne pense pas que ma récidive écrivassière lui puisse valoir de nouveaux ennuis. [...] Au surplus, comment le poursuivrait-on puisque je respecterai les sentiers interdits et ne me permettrai aucune allusion à ce que j'ai vu des tristes dessous de notre politique coloniale en Afrique[15] ? »

---

13. Claire de Duras, *Ourika*, Paris, Ladvocat, 1826, p. 29. (Rééd. Saint-Pourçain-sur-Sioule, Bleu Autour, 2006.)

14. *Ibid.*, p. 65.

15. « La Femme aux colonies », *Revue encyclopédique*, 1896, p. 441.

VI

Les antiabolitionnistes

> Quand on songe à l'effroyable masse de souffrances qui a pesé sur cette malheureuse race depuis l'occupation des Antilles par les Européens, on ne s'étonne que d'une chose : que les Blancs n'aient pas été écharpés jusqu'au dernier en 1848.
>
> Adèle HOMMAIRE DE HELL.

Au cours du XIXe siècle, rares sont les voyageuses qui échappent au spectacle de la violence faite aux hommes et aux femmes par l'esclavage. Elles n'y réagissent pas de la même manière. Celles qui sont témoins de la traite musulmane – la capture des Noirs pour leur asservissement en Afrique et sur toutes les terres d'Islam – en jugent selon leur sensibilité individuelle. À l'exception de Raymonde Bonnetain, cet esclavage-là, peut-être parce qu'il ne concerne pas leur nation, qu'elles le voient lié à une économie domestique, qu'il produit peu de métissage et que personne autour d'elles ne le remet en cause, interpelle très peu leur conscience. De même que le servage en Russie ne dérange pas celles qui partagent l'hospitalité des aristocrates. En revanche, celles qui se rendent aux États-Unis et en Amérique du Sud, ayant sous les yeux les effets de la traite transatlantique et sensibilisées par le grand débat abolitionniste occidental, s'impliquent dans le pour ou le contre mais ne restent jamais indifférentes.

À l'époque où les voyageuses françaises arrivent en Amérique, le commerce des Noirs, la traite, est dans l'ensemble aboli. Depuis 1807 pour l'Angleterre, 1815 pour les autres puissances européennes, 1808 pour les États-Unis. Mais l'esclavage lui-même persiste longtemps encore : le Chili l'abolit certes en 1811 lorsqu'il accède à l'indépendance, mais il faudra attendre 1865 pour les États-Unis et 1888 pour le Brésil. En ce qui concerne la France, après bien des retournements, sous l'impulsion de sociétés philanthropiques et de la ténacité personnelle de Victor Schoelcher, l'abolition est votée en 1848. Deux cent cinquante mille esclaves noirs ou métis sont libérés aux Antilles, à la Réunion et à Saint-Louis du Sénégal, en contrepartie d'une indemnisation de leurs propriétaires. Le débat a été vif et, pour certains, le décret est d'autant plus difficile à accepter qu'il vient avec l'abolition de la monarchie et l'instauration de la Deuxième République.

Mme Charles de Saint-Amant est de ceux-là, qui écrit à son mari lors d'une escale aux Antilles : « Je ne vois que des faces noires et j'ai peine à me persuader que ce soit vraiment pour ces vilains êtres que les têtes philanthropiques d'Europe se sont tant échauffées. [...] Ils ont presque toujours des rotins dans les mains que j'aimerais mieux leur voir appliqués sur le dos. [...] Je déclare franchement qu'il y a deux choses au monde dont je suis innocente : la liberté de ces singes habillés et la République française [1]. »

L'histoire de son départ pour la Californie est liée à une promesse faite par Louis Napoléon Bonaparte, alors prince-président, de confier un consulat à son

1. *Voyage en Californie (1850-1851), d'après une promesse du Président. Navigation sur les deux océans, passage de l'isthme de Panamá, arrivée à San Francisco*, Paris, Garnier, 1851, p. 15.

mari. Rien ne viendra, mais cette femme entreprenante a pris les devants, emportant des montagnes de marchandises à vendre. Ses lettres seront parfois publiées dans le *Journal des débats*, parce qu'elle y montre le chemin de l'aventure californienne avec des informations précises et incitatives. Mais aussi parce qu'elle écrit bien, comme le prouve cette évocation du ciel de nuit sous les tropiques : « Il me semble que nous naviguons dans un brasier d'étincelles, et ce grand bateau fend l'onde d'une manière à la fois si légère et si majestueuse qu'on peut douter si ce n'est pas dans l'air qu'on voyage[2]. »

Ayant refusé la route du cap Horn, elle doit affronter la traversée, extrêmement difficile, des zones tropicales du Panamá, dont le canal n'est pas encore percé. Le transport de ses marchandises en pirogue et à dos de mulet exigeant de transformer sur-le-champ les énormes ballots en petites charges, elle perd beaucoup d'argent et de temps à Panamá. L'attendent ensuite le fleuve Chagres et ses abords, la boue, l'humidité, les rapides, les moustiques, les crocodiles puis la montagne et ses précipices. Et tout du long, les nuits sans sommeil, les fièvres ou la dysenterie qui peuvent tuer des compagnons de voyage en deux jours.

Il lui reste cependant assez de disponibilité pour le grand spectacle tropical : « N'étaient les incommodités, [...] on serait sous un éblouissement perpétuel devant les magnificences de la nature. La végétation y déploie des richesses inimaginables en fleurs, en fruits, en couleurs et en parfums. Ainsi, on glisse en pagayant sur une eau limpide et transparente remplie de poissons de toutes les espèces. [...] Les deux rives sont bordées de haies au feuillage toujours vert, souvent impénétrables même à l'œil, et on glisse parfois sous un dôme que

2. *Ibid.*, p. 13.

forme l'entrelacement de lianes chargées de fleurs rouges, blanches et jaunes des plus odoriférantes [3]. »

Le 1er novembre 1850, après trois mois et demi de voyage, Mme de Saint-Amant atteint San Francisco, « la plus belle fourmilière du globe ». Elle adore le climat et, bien que son témoignage précède de deux ans celui de Fanny Loviot, elle trouve la ville accueillante et sûre comparée au coupe-gorge qu'était Panamá. En revanche, elle a une mauvaise impression de la société : « Le temple commun est celui de l'égoïsme. » Elle s'étonne, malgré la « réalité démocratique », qu'il n'y ait aucune institution de bienfaisance : « Misère et mort à qui attend tout du ciel ; il mourra à côté de l'hôpital qui vient de brûler et qui ne sera jamais rebâti assez vaste pour toutes les souffrances et toutes les infortunes [4]. » La surabondance de chercheurs d'or fait échouer là des milliers de malheureux qui demandent à être rapatriés. Dans ce tableau, écrit-elle, « peu de femmes, divisées en deux classes bien tranchées pour la moralité : tout l'un ou tout l'autre [5] ».

C'est sa dernière lettre, elle est alors très confiante. À tort, d'après le journal d'Albert Benard de Russailh : « Mme de Saint-Amant était une jeune femme cultivée, remarquable par son audace et son esprit d'entreprise. [...] Elle monta, semble-t-il, plusieurs affaires qui disparurent dans les incendies de San Francisco en 1851, puis à Sacramento elle créa un café qui brûla à son tour en novembre 1852 [6]. » Le séjour de son mari en Californie se situe exactement entre ces deux incendies. Ils rentrent ensemble en France à la fin de 1852. À son retour, cet homme agité et encombrant intriguera en vain pour avoir une mission et repartir.

« Il n'existera dans les États-Unis et dans toute

3. *Ibid.*, p. 21.
4. *Ibid.*, p. 32.
5. *Ibid.*, p. 33.
6. *Journal de voyage en Californie...*, *op. cit.*, p. 207 et 231.

localité soumise à leur juridiction ni esclavage ni servitude involontaire ». En 1865, dès la fin de la terrible guerre de Sécession, l'asservissement des Noirs dans les États du Sud est mis hors la loi. Dix ans auparavant, vers 1854, une autre voyageuse française, romancière connue, signant sous le pseudonyme de « Marie Fontenay, Mme Manoël de Grandfort », mais Barsalou de Laspeyres de son vrai nom, n'y voyait pourtant qu'une façon naturelle de traiter les Noirs :

« Il ne faut en effet que voir ces créatures de près pour reconnaître leur infériorité. Pour ma part, je suis tout à fait de l'avis de ce savant qui, dans l'échelle des êtres, place le nègre entre l'homme et l'orang-outang. [...] Les Noirs, et c'est un point de ressemblance frappante qu'ils ont avec les animaux, ne sont sensibles à aucune espèce d'humiliation, ils ne comprennent que les coups ; vraiment, les politiques d'Europe qui du coin de leur feu bâtissent des systèmes et posent des principes, [...] s'inquiètent du sort des nègres et des animaux, [...] me paraissent bien coupables ou bien ridicules. [...] Quoi qu'on écrive, le hibou ne deviendra pas colombe, le Noir ne franchira jamais l'abîme qui le sépare de l'homme[7]. »

C'est Fanny Loviot qui, témoignant de ce qu'elle a vu à Rio de Janeiro, lui apporte la contradiction, montrant bien qu'il ne s'agit pas d'un débat entre commerçantes réactionnaires et intellectuelles éclairées :

« Étendues une partie de la journée sur des canapés recouverts de nattes, [les Brésiliennes] dédaignent les soins du ménage. Quant à leur instruction, elle est complètement nulle ; leur conversation n'est ordinairement qu'un commérage où leurs plaintes sur la race tiennent une large place. Il n'est pas rare de voir ces petites maîtresses si indolentes se secouer de leur

7. *L'Autre Monde. Lettres sur les États-Unis* [1855], Paris, Librairie nouvelle, 1857, p. 115-117.

torpeur pour enfoncer de longues aiguilles dans les bras ou dans le sein des négresses qui les servent. [...] Un jour, je fus obligée de passer derrière le palais de l'empereur et je me reculai saisie d'épouvante : devant moi, derrière moi, à côté, partout, des nègres, négresses et négrillons, tous hideux, les uns de vieillesse, les autres de misère ou de maladie, étendus au soleil et cherchant leur vermine. Vivant là comme un bétail humain, ils me regardaient avec un hébétement qui me fit mal car quinze jours au Brésil n'avaient pas suffi pour me faire considérer les nègres comme des animaux ; et, de retour de mes voyages, je crois encore fermement qu'ils appartiennent à la race humaine [8]. »

---

8. *Les Pirates chinois...*, *op. cit.*, p. 10-11.

VII

Les résidentes en Amérique latine

> L'esclavage est contre la nature, quoique, dans certains pays, il soit fondé sur une raison naturelle.
>
> MONTESQUIEU.

Les voyageuses comme Raymonde Bonnetain qui, une fois leur destination gagnée, se sédentarisent et habitent leur propre logement sont, à proprement parler, des résidentes françaises à l'étranger. La durée de leur séjour et leur immersion dans le pays, ajoutées à l'intelligence et à la culture de certaines, sont souvent à l'origine de récits significativement différents de ceux des « routardes », plus absorbées par le pittoresque et les anecdotes. Mme Grandin, pour un an à Chicago, Pauline de Noirfontaine, pour trois ans en Algérie, témoigneront plus du pays et moins du voyage.

En Amérique latine, elles sont trois Françaises à avoir fait des séjours de plusieurs années. Deux d'entre elles, Adèle Toussaint-Samson et Lina Beck-Bernard, vont laisser des ouvrages d'un grand intérêt. La troisième, Mme Roncayolo, qui séjourne de 1870 à 1880 au Venezuela où son mari dirige les travaux du chemin de fer, signera un récit sans relief. Mais lors d'une escale en

Guadeloupe, au moment de l'embarquement du charbon, elle assiste, sans en éprouver d'ailleurs la moindre compassion, à une scène de travail forcé tel qu'il a succédé à l'esclavage dans les colonies françaises et que le régime de l'indigénat va l'institutionnaliser en 1885.

« Le travail est fait, écrit-elle, par deux ou trois cents négresses portant chacune un panier d'osier sur la tête. L'opération s'effectuant la nuit, elles sont éclairées par de grands feux allumés dans des récipients en forme de candélabres ; elles chantent et dansent tout en travaillant. Un nègre les accompagne en frappant avec ses mains sur un tambour. Il s'exhale de toutes ces négresses en sueur et du charbon qui brûle une odeur qui vous saisit à la gorge. Cette odeur, ces ombres noires s'agitant à la lueur des feux font penser aux démons dans les enfers [1]. »

Lina Beck-Bernard, lors d'une escale à Salvador de Bahia, où l'esclavage n'est pas aboli, décrit aussi ce spectacle dantesque vers 1856 : « On apporte le charbon. Ce sont des Noirs qui font ce travail. Leur chant n'est pas le chant gai des marins anglais, c'est une mélodie douce et monotone avec des paroles africaines, mais ce chant fait mal ; ce n'est pas celui d'un peuple libre, la plainte est, au fond, comme un écho sourd et douloureux, un cri sortant d'une poitrine déchirée et qui revient à chaque refrain [2]. » Alsacienne et protestante mariée à un Suisse, Lina est l'arrière-petite-fille d'un poète de Colmar humaniste et européen, Théophile Conrad Pfeffel. Héritière de cet esprit cultivé et ouvert aux autres, elle porte un regard consterné sur la société brésilienne : « L'esclavage au Brésil, qui est pourtant l'esclavage sous sa forme la plus douce, comparativement à l'Amérique du Nord, nous a

1. *Au Venezuela (1876-1892). Souvenirs*, Paris, Imprimerie Paul Dupont, 1895, p. 22.

2. *Le Rio-Paraná. Cinq années de séjour dans la République argentine*, Paris, Grassart, 1864, p. 40-41.

profondément émus. On sent qu'une malédiction terrible pèse sur une organisation qui est une violation perpétuelle des droits et de la dignité humaine. Il y a dans l'atmosphère morale de ce magnifique pays, de cette splendide nature, quelque chose de triste, de navrant, quelque chose qui crie vengeance[3]. »

Elle va demeurer cinq ans en Argentine, son mari dirigeant une colonie agricole d'émigration suisse dans la localité de Santa Fe, à environ cinq cents kilomètres au nord-ouest de Buenos Aires. Installée dans une grande maison avec son époux et ses deux petites filles, elle apprécie l'univers de ce séjour qui lui donne l'occasion de s'exprimer aussi dans un autre registre :

« Une de nos poules couve à la cuisine dans une sorte de niche en brique pratiquée près du foyer. Une cane trouve cet abri commode et s'y installe dans le même but. Les poussins et les canetons sortent à peine de la coquille que la chatte s'avise d'aller élire domicile près des deux mères cane et poule. Elle allaitait ses deux petits chats. Un très jeune chien griffon nous est apporté, il a été séparé trop tôt de sa mère et peut difficilement se sustenter seul. Il va instinctivement se blottir chez la chatte. [...] Ce phalanstère de bipèdes et quadrupèdes est on ne peut plus amusant. Il dure plusieurs semaines sans disputes entre ses différents hôtes, réalisant ainsi d'une manière satisfaisante les utopies de quelques économistes célèbres de l'époque actuelle[4]. »

Mais ce qui fait l'intérêt de son témoignage, c'est l'association de sa culture politique et de son statut de résidente. Au fil du temps, elle se prend d'une sincère admiration pour les Argentins qui, malgré le prix à payer, ont appliqué les textes abolitionnistes : « Dans la question de l'esclavage, les républiques espagnoles de

3. *Ibid.*, p. 42.
4. *Ibid.*, p. 247.

l'Amérique du Sud se sont montrées grandes, généreuses, désintéressées. Elles ont condamné la plupart de leurs familles à la gêne, à l'indigence même. Le sacrifice était immense. Il faut avoir vu, comme nous, les ruinés et les victimes pour se faire une idée de ce que coûte la réalisation du grand et noble principe de l'émancipation[5]. »

Quelques années plus tôt, en 1849, Adèle Toussaint-Samson s'installe au Brésil, où son mari est né de parents français. Elle y séjournera douze ans comme professeure de français des enfants de l'empereur, dom Pedro II. Poète et écrivain, elle recevra même un prix de l'Académie française. En attendant, elle a du mal à s'accoutumer aux conversations superficielles des Brésiliens et regrette le salon de son père, un acteur de la Comédie-Française. Il lui reste sa curiosité pour la musique, la danse et la poésie locales qu'elle cherchera à faire connaître en France.

Si elle aime le Brésil, si elle en admire profondément la nature, si le paysage de Rio de Janeiro l'enchante, elle n'est cependant pas sans souffrir dans ce pays d'esclavage. Des lois intermédiaires font naître libre tout enfant d'esclave, mais Pedro II devra abdiquer pour avoir tenté l'abolition.

« Ce spectacle de l'esclavage fut pendant les premières années de mon séjour au Brésil un des supplices de ma vie. [...] À chaque instant mon âme se révoltait ou saignait quand je passais devant ces *leitãos*[6] (encans) où de pauvres nègres montés sur une table étaient mis aux enchères et examinés aux dents et aux jambes comme des chevaux ou des mules ; quand je voyais l'enchère se couvrir et qu'une jeune négresse était livrée au *fazendeiro* qui la réservait à son service intime tandis que son petit nègre était quelquefois vendu à un autre

5. *Ibid.*, p. 228.
6. Elle veut dire *leilões*.

maître. Devant toutes ces scènes de barbarie mon cœur se soulevait. [...] À peine étais-je parvenue à me calmer que je rencontrais quelques pas plus loin un pauvre Noir portant un masque de fer ; c'était encore de cette façon qu'on punissait l'ivrognerie chez l'esclave ; ceux qui buvaient étaient condamnés à porter un masque de fer qui s'attachait derrière la tête à l'aide d'un cadenas et qu'on ne leur enlevait qu'à l'heure des repas. On peut imaginer l'impression que causaient ces hommes à têtes de fer ! C'était effrayant ! Et jugez quel supplice sous cette chaleur tropicale. Ceux qui avaient fui étaient attachés par une jambe à un poteau ; d'autres portaient au cou un grand carcan, espèce de joug, comme celui qu'on met aux bœufs ; d'autres étaient envoyés à la *correção* (prison pénitentiaire) où [...] quarante, cinquante, quelquefois soixante coups de fouet leur étaient administrés en plusieurs fois [7]. »

De toutes les femmes bouleversées par l'esclavage, c'est Adèle Toussaint-Samson qui livre la scène la plus pathétique. Lors d'un séjour dans une fazenda, elle assiste au rassemblement des esclaves pour la prière. Ils sont décharnés, hébétés, en haillons, certains souffrent de lèpre ou d'éléphantiasis. « Leur chant se termina par ce cri déchirant qu'ils jetèrent tous en se prosternant la face contre terre : *"Miserere nobis !"* Ce cri me remua jusqu'au fond des entrailles et des larmes coulèrent silencieusement de mes yeux. [...] L'aspect de ces misères et de ces souffrances et ce cri de désespoir qui me semblait monter jusqu'à Dieu, tout cela était saisissant et d'une horrible beauté [8]. »

Comme les autres voyageuses, c'est avec un grand bonheur qu'elle rentre en France, mais elle n'échappe pas à la saudade brésilienne, la nostalgie de cette terre généreuse : « Que de fois j'ai regretté ces immenses

7. *Une Parisienne au Brésil*, Paris, Ollendorff, 1883, p. 69-71.
8. *Ibid.*, p. 106.

horizons qui agrandissent l'âme et la pensée ; mes bains de mer au clair de lune sur la plage phosphorescente ; mes courses à cheval dans la montagne ; cette baie splendide sur laquelle donnaient les fenêtres de mon habitation et où, la nuit, les barques de pêcheurs passaient en agitant leurs torches sur les flots... Je me rappelais ces lieues entières parcourues au Brésil dont la nature seule se chargeait de faire les frais, où le malheureux pouvait cueillir à son gré la banane, l'orange et le palmito sans être inquiété par qui que ce soit, boire l'eau fraîche de la source sans qu'on la lui marchandât, dormir dans la forêt sans qu'un gendarme vînt l'arrêter [9]. »

9. *Ibid.*, p. 215-218.

VIII

Les aventurières

> S'il leur arrive quelque mésaventure, la pitié que l'on ressent est moins grande : elles n'avaient qu'à rester chez elles.
>
> *L'Année littéraire*, 1867.

Trois récits viennent témoigner de la version féminine du grand rêve de l'Eldorado. Ils ont pour auteures trois Françaises qui ont connu les mines d'or du Brésil, du Nouveau-Mexique et de l'Afrique du Sud : Mme Lenglet-Dufresnois, Jeanne Goussard de Mayolle et celle qui signe Mme P.

En 1836, à l'âge de seize ans, la première épouse un huissier des Deux-Sèvres bien installé et cultivé qui se révèle hanté par l'« ambition » de faire fortune. « Il nous faut rouler sur l'or, me dit-il un jour, ou mourir[1]. » Effarée, sans aucun moyen de s'opposer à lui, elle assiste à la vente de l'étude ainsi que de tous leurs biens, et un an plus tard se retrouve en route pour le Brésil. Le couple emporte, comme le fera plus tard Mme de Saint-Amant vers la Californie, quantité de marchandises à revendre là-bas : dentelles, miroirs, coutellerie,

1. *Quinze ans au Brésil ou Excursions à la Diamantine*, Bordeaux, Chariol, 1861, p. 36.

quincaillerie, bimbeloterie, nouveautés, soieries et même un « magnifique » billard.

Après un mois de mal de mer, les Français débarquent à Rio de Janeiro où ils ouvrent un magasin. À Noël presque tout est vendu, avec un bénéfice de quinze pour cent dont Madame est très satisfaite mais qui paraît maigre au regard de ce qu'il a fallu faire pour cela et des ambitions de Monsieur. Les fièvres « putrides » amènent alors celui-ci au seuil de la mort. Il guérit pour se porter acquéreur d'une plantation de café. Le lieu est magnifique mais il faut des bras, donc des esclaves. Qu'à cela ne tienne, on décide d'en acheter. La mission est confiée à un associé qui disparaît avec l'argent. L'activité suivante est si lucrative que Mme Lenglet-Dufresnois en est « folle de bonheur » : son mari tue des oiseaux qu'elle empaille et envoie en France. « Surmené » (!), l'époux retombe malade et on doit trouver autre chose. Ce sera Ubatuba, entre Rio et São Paulo, où il monte un café, trouvant ainsi un usage au fameux billard, tandis qu'elle ouvre un magasin de nouveautés.

Quatre ans passent, on est désormais en août 1841, les affaires marchent : « Nous eussions pu, par notre économie, notre ordre, notre calcul, nos prévisions, arriver à une fortune colossale [2]. » Mais lui ne l'entend pas ainsi et, le 8 janvier 1842, les voilà à Santos, après une errance de plusieurs mois. Quand ils rentrent en possession de leurs biens, tout est pourri, les malles ayant pris l'eau dès le départ. L'ex-huissier se convertit au courtage pour un négrier avec un pourcentage sur chaque livraison. C'est semble-t-il pour sa femme un métier comme un autre.

Mais il faut croire que la marchandise humaine les intéresse moins que l'or et les pierres précieuses, car tous deux repartent pour Diamantina, dans le Minas Gerais, eldorado supposé, à environ mille cinq cents kilomètres à vol d'oiseau au nord-ouest de Rio de

2. *Ibid.*, p. 35.

Janeiro. Il leur faut huit mois – huit mois de calvaire – pour traverser des régions totalement hostiles : attaques des tribus sauvages, marches forcées, manque de nourriture, pluies incessantes, mort des mules, fièvres malignes. La Française tombe si malade qu'il lui faudra cinq mois pour se rétablir. Leurs deux compagnons de route meurent en chemin, puis vient le tour du mari, qui se noie le 28 avril 1844. Le bilan est sombre : après sept ans d'errance à travers le Brésil, Mme Lenglet-Dufresnois n'a plus rien. Comment cette jeune femme de vingt-quatre ans seule et sans ressources va-t-elle pouvoir regagner sinon la France, du moins des lieux plus accueillants ?

Elle retourne vers Cuiabá, dans le Mato Grosso, avec un Noir pour conduire ses mules. « Je n'ai eu qu'à me louer de la conduite de cet homme[3] », rapporte-t-elle. Installée chez un Portugais à qui elle et son mari avaient été recommandés, elle fait de la couture et empaille les oiseaux. Puis elle repart, cette fois avec un Blanc qui convoie deux cents esclaves. Un soir qu'elle est à quelque distance du groupe, elle croise le chemin d'un « tigre » (en réalité un jaguar) : « Par crainte et répugnance je m'étais éloignée de la troupe de nègres pour reposer tranquillement[4]. »

Le récit de Mme Lenglet-Dufresnois s'en tient à l'énumération des lieux, des faits et des épreuves. Toutes les initiatives prises jusque-là étant présentées comme de malheureuses idées du mari, on ne sait si elle aime l'aventure, mais on ne peut que le lui souhaiter car il lui reste encore à traverser des zones infestées d'insectes « qui sucent le sang et réduisent le corps à l'état de squelette[5] », affronter des rapides, traîner les embarcations à terre dans des terrains fangeux, tomber

3. *Ibid.*, p. 78.
4. *Ibid.*, p. 80.
5. *Ibid.*, p. 81.

sur des tribus primitives et, son canot ayant chaviré, échapper de justesse à la noyade dont la sauvent des esclaves noirs « oubliant leur propre danger ».

Elle arrive enfin au bord de l'Amazone et veut embarquer pour le Paraguay, quand on lui vole tout son argent et un diamant qu'elle avait réussi à conserver. Maintenant dans l'État du Pará, elle se remet à l'empaillage d'oiseaux et s'initie à la fabrication de chapeaux. Au bout de sept mois, elle ferme boutique pour tenter l'aventure dans l'État de Bahia. Pendant trois ans elle fait de bonnes affaires, jusqu'à ce que des révoltes l'obligent à gagner la campagne, plus sûre. Les beaux jours ne revenant pas, elle s'embarque pour Salvador, où elle lutte durant six mois contre la fièvre jaune pendant que le choléra tue la plupart des Européens de la ville.

Le 22 juin 1852, fortune non faite, elle est de retour chez les siens à Blaye. Elle a trente-deux ans. « Après quinze ans d'absence, de souffrances et de douleurs je retrouvai le deuil sous le toit de ma vieille mère [6]. » Son père et deux de ses quatre frères et sœurs sont morts. Une lettre du consul de France à Bahia la félicitant pour avoir été la première Française à descendre l'Arinos en Amazonie la remplira à juste titre de fierté.

Autre voyage héroïque que celui de Jeanne Goussard de Mayolle qui, vers 1895, part pour le Nouveau-Mexique, où une mission de prospection des ressources minières a été confiée à son mari. Frigo, le caniche qui les accompagne, en verra de dures ! New York, le pont de Brooklyn, passage obligé dont toutes les voyageuses rendent compte, tout comme les chutes du Niagara où elle voudrait « davantage de mouvement, de tourbillon, encore du plus grand, du plus large, de l'absolument immense, en union avec le reste [7] ». Tout commence

6. *Ibid.*, p. 96.
7. *Une Française chez les sauvages* [1897], Tours, Mame, 1924, p. 17.

bien. Une fois l'énorme bagage avec tentes, lits, vêtements, médicaments, conserves et matériel d'analyses géologiques expédié vers Durango, l'ultime station du chemin de fer, le couple voyage confortablement en pullman.

À partir de Pueblo, quand ils s'enfoncent dans le Far West, tout devient exécrable, l'hôtellerie, la nourriture, la chaleur. Rien, cependant, à côté des frayeurs qu'inspire la traversée des montagnes. Au fond d'un ravin gisent les wagons d'un train qui a déraillé la veille, les corps des passagers livrés aux vautours. Plus loin, un autre encore, sinistré quelques jours auparavant. Sans oublier les bandits mexicains qui attaquent les convois, obligeant tout le personnel à être armé, si bien que les informations données dans les gares à propos des trains manquants tiennent en deux mots : « arrêté » ou « disparu ». Antilopes et oiseaux bleus magnifiques distraient un peu le regard de la voyageuse.

Durango, qui vit dans la fièvre de l'or, est un lieu très dangereux. Les bagages ne sont pas arrivés. Ont-ils fini au fond d'un précipice ? Il n'y a pas grand-chose à racheter, ce qui aggravera considérablement un séjour déjà très exposé au danger. Avant de poursuivre, Jeanne endosse le costume masculin : « Pas d'amazone qui puisse résister aux broussailles, aux branches d'armoise, aux accrocs de toute sorte qui les menacent. Je suis toute vêtue de velours de chasse gris côtelé, pantalon, gilet et veston, bottes montant par-dessus mes genoux, revolver chargé à six coups, pendu à droite de ma ceinture, cartouches à gauche[8]. » Elle vient d'être attaquée et blessée par un bison quand un ouragan se déchaîne. Trempée, flagellée par d'énormes grêlons, elle parvient à un fleuve en crue qu'il faut traverser coûte que coûte. Le couple est à présent dans la réserve des Navajos, une immense plaine aride et lugubre. L'angoisse est

8. *Ibid.*, p. 45.

d'autant plus forte qu'ils tombent sur le cadavre d'un compatriote abattu d'une flèche. Un membre du groupe se sacrifie et part remettre les papiers du mort aux autorités – papiers montrant que, ses affaires réussies, l'homme rentrait au pays.

Bloomfield, destination finale des Goussard, est un enfer : quarante-cinq degrés le jour, moins dix-huit la nuit, eau non potable, rien à manger que de méchantes tomates. Les Indiens se régalent de scorpions grillés, mais c'est en vain que les Français essaient d'en attraper. Ils se construisent une habitation en bois que traversent parfois des meutes de chiens sauvages. Un jour, ce sont vingt cavaliers qui surgissent, nus, le visage peint, armés d'arcs et de flèches. Un autre jour, c'est un serpent blanc qui s'enroule autour de la jambe de Jeanne. À cette altitude, entourés de pics de plus de quatre mille mètres, les époux crachent le sang.

Le sous-sol se révèle riche en minéraux, mais l'ambiance est lourde car ils se savent constamment épiés par les Indiens. Et toujours pas de bagages : « Matériellement parlant, nous sommes affreusement malheureux. Jamais ni pain ni biscuits, à peine de vivres, pas un seul médicament[9]. » La neige survient. Quand, à la fin de leur séjour, ils arrivent à récupérer quelques caisses, cela leur vaut une attaque de bandits mexicains en pleine nuit. Moins nombreux mais mieux armés, les Goussard et leurs compagnons en mettent suffisamment hors de combat pour voir les rescapés fuir avec le jour. Jeanne s'en sort avec le bras ouvert par un coup de couteau.

Quelque temps plus tard, alors qu'ils se trouvent au bord d'un cours d'eau, le martèlement de dizaines de sabots sur les galets les précipite derrière des rochers. Les Apaches déboulent. Féroce, la lutte va jusqu'au

---

9. *Ibid.*, p. 98.

corps-à-corps sous une pluie diluvienne. Là encore, il faut tirer et tuer.

« Refoulé par ce lugubre barrage de cadavres d'hommes et de chevaux, le courant de la rivière se brise en écume contre les rochers. L'eau monte jusqu'à nos genoux et nous devons nous battre dans cette position. Sur nos têtes le tonnerre continue de gronder, les éclairs nous aveuglent, la pluie nous trempe. Plus stridents, plus furieux que jamais, les cris sauvages, vomis par des bouches écumantes, achèvent de nous affoler, mais un nouveau bruit les domine tous. Ce n'est pas le tonnerre ni l'appel des Apaches ni le vacarme des armes à feu. C'est le mugissement terrible du torrent. En grandissant l'eau a soulevé les corps des Indiens et des chevaux qui faisaient digue. C'est l'eau libre, enfin, et emportant sur ses vagues des arbres déracinés, des branches tordues, des cadavres. On dirait quelque gigantesque écluse brusquement ouverte. Nous sommes sauvés [10]. »

Une fois établie la présence de nombreux métaux dont de l'or, la mission se termine. Le matin du départ, un certain Taylor, membre de l'expédition, se rend à une heure de là prélever un dernier échantillon. À la nuit il n'est pas rentré, ni les deux domestiques qui l'avaient convaincu de cette dernière sortie. On le cherche jusqu'au matin suivant et c'est Jeanne qui découvre le corps, le dos percé de deux balles. La femme de Taylor et ses jeunes enfants l'attendaient à New York alors que ses domestiques lui ôtaient la vie pour voler son cheval.

Quelque temps plus tard, Jeanne Goussard de Mayolle rentre en France. Le *Dictionnaire illustré des explorateurs et grands voyageurs français du XIXe siècle*, confondant la mort de Taylor avec celle de Goussard, lui attribue plus de malheurs qu'elle n'en a subi car, partis à trois, Jeanne, le mari et le caniche, c'est bien à

10. *Ibid.*, p. 134.

trois qu'ils reviennent, mais après avoir vécu l'une des aventures les plus éprouvantes parmi tous ces récits.

Mme P., elle, va tenter sa chance dans les mines de diamants d'Afrique du Sud. Son mari et elle y passent cinq ans, de 1872 à 1877, dans des conditions de vie et de travail elles aussi extrêmement difficiles : campements dans la boue ou la poussière, inondations ou sécheresse, chaleur ou froid extrêmes, tâches exténuantes, nourriture repoussante, malpropreté, maladies, accidents, vols incessants, compagnie difficile de gens très alcoolisés. Et tout cela pour ne presque rien trouver : « On ne saurait citer un individu sur mille qui ait fait fortune, et même un sur cent qui ait assez gagné pour payer la main-d'œuvre [11]. » L'article qui paraît dans *Le Tour du Monde* à partir de ses notes est totalement dissuasif pour quiconque voudrait tenter l'aventure.

11. « Voyage aux mines de diamants dans le sud de l'Afrique », *Le Tour du Monde*, 1878, II, p. 333.

IX

Femmes de science

Je me plus à observer, cela m'instruisit.

Carla SERENA.

Les épouses de chercheurs qui ont accompagné leur mari en mission et entrepris à ses côtés des travaux à caractère scientifique constituent, par leur nombre, une spécificité du voyage français au XIXe siècle. Dans une société qui ne forme pas les femmes à la science, c'est l'homme qui, en quelque sorte, assure la promotion de sa compagne en lui donnant l'occasion de découvrir un monde lointain et inconnu, de s'initier à la recherche et de signer des articles. En comparaison des épouses en déplacement diplomatique ou en résidence à l'étranger, les femmes de savants voyagent loin des villes, dans des régions dépourvues d'équipements sanitaires et touristiques. La contrepartie, c'est la relative sécurité d'une structure d'expédition institutionnelle, avec campement, guide et escorte, et surtout la découverte de mondes intacts.

Une telle découverte procurera à Adèle Hommaire de Hell un profond bonheur. Née en Artois en 1819, elle a l'enfance d'une petite fille sans mère que son père trimballe d'une ville à l'autre. Adolescente, à peine recueillie par sa sœur à Saint-Étienne, elle rencontre

Xavier Hommaire de Hell. À quinze ans, elle épouse ce brillant ingénieur spécialiste des recherches géologiques et minières. À dix-huit ans, après la naissance de leur premier enfant, elle le rejoint à Constantinople. À vingt ans, elle traverse l'Ukraine et la Crimée. À vingt-trois ans, elle quitte les rivages de la mer Caspienne et le Caucase pour rentrer en France où Xavier, malade des « fièvres du Danube », doit être soigné.

Le couple ne tarde pas à repartir pour la Turquie orientale avec ses gamins, car Mme Hommaire de Hell a cette particularité parmi toutes les voyageuses françaises de se transporter avec deux enfants en bas âge. Appelé en Perse, Xavier laisse Adèle et prend la route en compagnie d'un peintre orientaliste, Jules Laurens. Le voyage les expose tantôt aux rigueurs les plus extrêmes, tantôt à des douceurs de paradis. Mais le 24 août 1848 à Ispahan, de nouveau atteint de fièvres pernicieuses, Xavier meurt.

Sa veuve s'installe alors à Hyères puis à Paris ; elle écrit des articles, des poèmes et divers ouvrages. À partir des notes de son mari, elle fait connaître son œuvre scientifique. Ce travail très estimé qui permet la diffusion de connaissances importantes sur la Perse lui vaudra de pouvoir signer « Adèle Hommaire de Hell, membre de la Société de géographie de France ». La qualité de ses propres récits de voyage tient à sa belle écriture, à sa nature généreuse et tranquille, à la vivacité de son regard, à son sens des scènes. Car elle n'est pas du genre à voyager sans rien voir :

« Pendant que nous prenions le thé, les hommes s'occupaient des apprêts du dîner ; les uns plumant une magnifique oie sauvage et une demi-douzaine de courlis dus à la chasse providentielle du faucon ; d'autres entretenaient le feu. [...] Quant à l'officier, couché sous la *brichka* pour jouir d'un peu d'ombre, il s'amusait avec son faucon, qu'il avait débarrassé de son capuchon après l'avoir attaché à la voiture par une forte ficelle.

Quoique les yeux étincelants de l'oiseau fussent sans cesse en quête d'une proie, les caresses de son maître semblaient cependant lui faire plaisir, à en juger par le battement continuel de ses ailes. Les chameaux, heureux d'être libres, broutaient l'herbe à quelque distance, contribuant par leur présence à donner un aspect oriental à notre début dans la vie sauvage où je figurais moi-même sous mon chapeau à larges ailes, vêtue comme d'ordinaire d'un ample pantalon et d'une tunique gauloise retenue autour de ma taille par une ceinture de cuir. À force de nous étonner de tout, notre étonnement finit par s'épuiser et nous nous crûmes définitivement naturalisés Kalmouks[1]. »

Le récit d'un différend entre un chamelier et sa bête illustre encore cet humour d'œil et de plume que n'ont pas toutes les voyageuses et qui donne plaisir à citer celle-ci :

« Il attendit que le Kalmouk fût en face de lui, puis alors, ouvrant sa grande bouche, il en fit sortir une double fusée d'herbe hachée mêlée de bave et de toutes sortes de saletés qui atteignit en plein visage le pauvre chamelier. Exprimer l'air de vengeance satisfaite avec laquelle le chameau releva son cou et promena sa tête d'un côté et de l'autre comme pour quêter les applaudissements serait vraiment chose impossible. Ce qui m'étonna le plus dans l'aventure fut de voir la modération de son maître après un pareil outrage. Il s'essuya avec beaucoup de sang-froid, remonta en selle et caressa le cou de sa bête malapprise, comme s'il en avait reçu la gentillesse la plus flatteuse[2]. »

En revanche, il est un épisode dérangeant pour nos consciences d'aujourd'hui : rencontrant sur leur route un mausolée *(stadza)* et curieux de le visiter après une

---

1. *À travers le monde. La vie orientale, la vie créole*, Paris, Didier, 1870, p. 165-166.
2. *Ibid.*, p. 170.

conversation qu'ils ont eue à Astrakhan avec la princesse Dolgorouki sur les rituels d'enterrement kalmouks, Adèle et Xavier trompent l'attention de leur escorte et pénètrent par une brèche dans le lieu sacré et interdit. Ils y trouvent quelques idoles très anciennes : « En vainqueurs généreux, nous nous contentâmes de prendre deux statuettes et quelques images. Suivant les croyances des Kalmouks, aucun sacrilège ne peut entrer en comparaison avec celui dont nous nous rendions coupables. Cependant, le feu du ciel ne nous pulvérisa pas[3]. » Le comble, c'est qu'avant même leur retour au campement ils réussiront à briser une statuette !

Mais ne peut-on lire la vengeance des dieux offensés dans l'étrange histoire posthume de cette épouse si naturellement sympathique au lecteur et saluée par les publications de l'époque comme « un bel exemple de ce que peut le dévouement d'une femme lorsqu'elle a pour mobiles une affection ardente et une généreuse émulation[4] », son « mariage [ayant] été un gracieux roman[5] » ? Car la Bibliothèque nationale, sous le nom d'Adèle Hommaire de Hell, conserve d'étranges mémoires publiés en 1934[6]. Ils auraient été retrouvés dans les caves d'une famille princière russe pour aboutir dans les archives du soviet de Moscou. Le préfacier, Marc Slonim, publié lui-même aux éditions Gallimard en 1930, historien prosoviétique sans mauvaise réputation particulière, cautionne cette parution dans une longue biographie d'Adèle Hommaire de Hell qui la fait naître dans les plantations esclavagistes de la Martinique. En Russie, elle aurait fréquenté les puissants, acquis un domaine, mené une vie mondaine très dépravée et toute

3. *Ibid.*, p. 181.
4. *L'Année littéraire et dramatique*, 1867, p. 393.
5. « Écritures du voyage et féminismes : Olympe Audouard ou le féminin en question », *French Review*, automne 1995, p. 12.
6. *Mémoires d'une aventurière*, Paris, Plon, 1934.

une activité d'espionnage, d'ailleurs commencée en France pour ses amants ministres.

Avec ces *Mémoires d'une aventurière*, le lecteur fait la stupéfiante découverte d'un texte pervers relatant avec jouissance les sévices exercés sur les serfs et les liaisons dissolues de l'auteure. Une édition russe de 1990 reconnaît une mystification. Cela paraît évident devant l'invraisemblable discontinuité entre les ouvrages d'Adèle Hommaire de Hell publiés au XIXe siècle et ce texte incompatible avec les données biographiques la concernant et ses traits psychologiques. Le secret de ce montage – secret qui reste entier – s'inscrit dans l'histoire russo-soviétique, et l'on peut faire l'hypothèse que la peinture des vices prêtés à l'aristocratie est le biais par lequel un auteur masqué arrive à faire publier un texte inspiré de la tradition sadienne dans une société très censurée mais dont la vie intellectuelle, au début des années 1930, n'est pas encore totalement sous contrôle. Toujours est-il que cette publication qui ne déshonore pas le genre libertin déshonore malheureusement Adèle Hommaire de Hell aux yeux des lecteurs non avertis.

Mme B. Chantre suit et seconde elle aussi un mari, Ernest, grand érudit, anthropologue, naturaliste, ethnologue et archéologue. C'est justement dans le cumul de ces disciplines non encore strictement constituées que l'apport de l'épouse trouve sa place. Le voyage de cinq mois qu'entreprend le couple en Arménie russe puis les deux séjours de six mois chacun en Turquie sont placés sous les auspices de ces spécialités, si bien que le récit qu'en donne Mme Chantre ne sacrifie aucune observation sur les mœurs, le milieu, les peuples, les races et les monuments.

Les Chantre partent de Marseille en 1890 et rejoignent après une traversée idéale – « ni vent, ni pluie, ni brouillards » – le port de Batoum, sur la mer Noire. De là, dans un périple d'environ deux mille kilomètres, ils se rendent de l'autre côté du Caucase, à Bakou sur la mer Caspienne, puis reviennent vers Tbilissi et

Constantinople, suivant deux grands fleuves, la Koura et l'Araxe, et explorant le massif de l'Ararat. Ils étudient les populations du Caucase, Arméniens, Tatars, Kurdes, Persans, Kalmouks, et prennent des photos des nombreuses ethnies qui peuplent cette région où s'inscrit l'histoire de la race blanche, dite justement « caucasienne ».

La voyageuse enregistre méthodiquement ce qu'elle voit : les femmes, mariées très jeunes, peuvent être mères à quatorze ans ; elles ont de nombreux enfants et vivent sous l'autorité des hommes. Elle ne loue ni ne condamne, mais il est vrai qu'elle évolue surtout dans des sociétés pastorales où les femmes ont la contrepartie d'un rôle important dans l'économie domestique. Elle décrit toujours soigneusement les costumes, ainsi celui des Arméniennes : « Outre un certain nombre de mouchoirs, elles portent un bandeau placé en couronne sur la tête et orné de monnaies qui retombent sur le front. Une étoffe recouvre le tout et s'enroule autour du cou. Enfin, le bas du visage disparaît sous un épais bandeau qui s'arrête sous le nez, et cette compression permanente des muscles inférieurs du visage finit à la longue par les atrophier[7]. » Au cours d'un repas donné en l'honneur des Français figure, très exceptionnellement, une vieille femme qui n'avale que quelques bouchées, subrepticement, quand elle pense que personne ne la voit déplacer l'étroit bandeau.

Les Chantre prennent des mesures anthropométriques – ce sont les méthodes de l'époque. Son rôle à elle est de relever au compas les dimensions des têtes des femmes. Elle se heurte donc au refus de toutes celles pour qui montrer son visage est déjà une transgression, c'est-à-dire presque toutes. Quand elle y arrive, c'est parce qu'un mari a imposé son autorité, si

7. « À travers l'Arménie russe. Karabagh, vallée de l'Araxe, massif de l'Ararat (1890) », *Le Tour du Monde*, 1891, I, p. 399.

bien qu'elle mesure ou photographie des visages contraints. Sûre de la supériorité de la science et de sa culture, elle prend ces résistances pour des manières primitives, et si on lui disait que ses gestes sont abusifs elle tomberait des nues. D'autant qu'elle est ouverte à tout mode de vie, supporte sans aigreur les épreuves du sale et du puant et sait s'amuser des incidents : « Bientôt le pope balbutie, larmoie et nous donne le triste spectacle d'un homme ivre. Mon mari, placé à côté de lui, est loin d'être à son aise car son pleurard voisin mange sans façons dans son assiette[8]. »

Elle est l'une de ces voyageuses qui s'intéressent aux médecines locales même si elle y voit surtout de l'ignorance. Elle est bien placée car son mari donne des soins aux nombreux malades qu'on lui présente. Là où les gens souffrent d'ophtalmie, les Chantre font des distributions générales de lunettes aux verres teintés. Les ciseaux et les miroirs dont ils se sont munis aussi représentent des cadeaux très appréciés. Dans les régions qu'ils explorent, les maladies ont le champ libre. La variole sévit de façon endémique et, la vaccination n'étant pas dans les usages, les mères s'empressent de mettre leurs jeunes enfants au contact d'un malade pour qu'ils l'attrapent, si bien que ce fléau s'inscrit sur tous les visages.

En Turquie, Mme Chantre observe que les femmes atteignent la trentaine en très mauvaise santé à cause des mariages précoces, de l'eau malsaine et du manque d'hygiène. L'insalubrité de nombreuses contrées est telle que le couple voyage assailli de violents accès de fièvre. Au cours de leurs trois séjours, en Arménie russe, en Anatolie puis en Cappadoce, les Chantre seront témoins de terribles épidémies de choléra, dont une à Césarée, cité turque populeuse qui ne recevra aucun secours. Sur la route, une quarantaine est imposée aux

8. *Ibid.*, 1891, II, p. 241.

voyageurs par les fusils de paysans qui protègent leur village. Qu'à cela ne tienne, ils en profiteront pour « mensurer » tous leurs gens.

Là-dessus, les autorités, qui se livrent déjà contre les Arméniens à des actes qui préludent au génocide de 1915, tiennent les Chantre en suspicion pour leurs sympathies avec les victimes. « J'ai vu les sourires amers et les larmes de ces hommes aujourd'hui morts – et de quelle mort ! – nous demandant, il y a deux ans à peine, pourquoi la France généreuse et chevaleresque ne prenait pas, elle, leur défense. Ils sentaient le moment proche où les Turcs, las de les sentir en perpétuelle rébellion contre leur traitement indigne, les briseraient afin d'en finir une fois pour toutes avec eux[9]. » Au chagrin d'apprendre l'assassinat de leurs amis arméniens s'ajoute l'amertume d'un arrêt d'expulsion à laquelle l'ambassade de France leur demande d'obtempérer. Le travail sur un site archéologique majeur doit être abandonné, mais des caisses d'objets retirés des fouilles, dont de nombreuses tablettes d'écriture cunéiforme, partent pour la France. « Notre moisson », dira Mme Chantre.

9. *Ibid.*, 1898, I, p. 148.

X

Ethnologues sur le tas

> L'ethnologie est certainement la science à avoir le plus participé à la méconnaissance des autres et, par voie de conséquence, à notre propre méconnaissance.
>
> Robert JAULIN.

En Asie centrale tout le monde se sert : les marchands d'esclaves entraînent les Circassiennes vers les harems turcs et les archéologues emportent avec eux les trésors des fouilles. Dans les années 1870, Marie de Ujfalvy-Bourdon n'y voit rien à redire. Alors qu'elle et son mari visitent un monument historique de Samarkand, ils tombent en admiration devant une mosaïque murale à motifs floraux. Ni une ni deux, ils appellent un jeune garçon qui, avec un instrument improvisé, descelle la pièce convoitée. Ravis, ils s'éloignent, laissant sans remords aucun le chef-d'œuvre amputé. L'époque est ainsi : il faut développer la connaissance, remplir les musées, combler les blancs des cartes géographiques. La mission est si belle et la France si grande que l'on ne pense pas à respecter, payer, négocier, se faire autoriser. Sur un site d'Islamabad, la voyageuse va même jusqu'à pester contre les Anglais qui ne laissent rien à emporter après leur passage.

Charles-Eugène de Ujfalvy, ethnologue et linguiste d'origine hongroise, a épousé Mlle Bourdon peu avant d'être pressenti par le ministère de l'Instruction publique en 1876 pour une mission scientifique en Russie, en Sibérie et au Turkestan. L'itinéraire de ce voyage ambitieux est différent de celui des Chantre. Au lieu de passer par la Turquie, la mer Noire, la Géorgie et l'Arménie, le couple prend le train de Moscou jusqu'à Orenbourg, à la frontière du Kazakhstan, traverse le fleuve Oural gelé et la steppe pour rejoindre l'Ouzbékistan. Il repartira en 1879 chez les Kirghiz, et en 1881 ce sera l'Himalaya.

À ses deux disciplines, Charles-Eugène va rajouter l'archéologie et l'anthropologie. Chez les chercheurs comme lui qui cumulent les domaines de recherche, la collecte est une préoccupation de chaque instant : objets usuels, pièces historiques, échantillons de végétaux, de minéraux et d'animaux, données linguistiques et autres. Dans un ironique arrangement des rôles, l'épouse du scientifique se voit donc affectée à la récolte, comme la femme de la société agraire. Devant la diversité ethnique des régions explorées, les Ujfalvy vont se retrouver eux aussi à « mensurer » à tour de bras. Et tant pis si les pauvres gens sont assez bêtes pour pleurer de peur et d'humiliation : Marie croit en la vertu réparatrice des piécettes du bakchich ! Il arrive d'ailleurs que certains coopèrent, et dans une localité kirghize où le passage du couple français été très apprécié, le chef de la poste traduit le sentiment général en mots simples : « Je n'ai jamais vu d'homme aussi sot que ce seigneur qui nous donne de l'argent pour nous tâter la tête[1]. » Mais, comme aux Chantre, la contrainte sur les gens du pays paraît normale aux Ujfalvy, et ces fanatiques du crâne imposent à leurs domestiques épouvantés des expéditions nocturnes dans les cimetières pour en dérober des caisses entières à rapporter en France. Un jour, alors qu'on fait défiler devant la

1. « D'Orenbourg à Samarkand », *Le Tour du Monde*, 1879, I, p. 6.

voyageuse des paysans en costume traditionnel, Marie jette son dévolu sur les vêtements, quoique un peu sales, d'une jeune femme cachemirie accompagnée de son mari. Comme celle-ci, paralysée par la gêne, ne manifeste pas l'intention d'obtempérer, on passe aux grands moyens : « Les autorités la forcèrent à les enlever. Elle revint donc vêtue simplement d'un manteau de gros drap gris [...] et, d'un air navré, déposa à mes pieds des habits qui me paraissaient encore plus sales[2]. » La collection d'objets hétéroclites ainsi rapportée sera montrée à l'Exposition universelle de Paris en 1878, après quoi on en perdra la trace.

Cette âpreté à emmagasiner donne lieu, en toute logique, à des récits méticuleux et exhaustifs. La photo libère un peu du poids des descriptions, mais elle ne s'y substitue pas. Les récits de Marie de Ujfalvy-Bourdon sont d'une telle densité et d'une telle précision qu'ils justifient pleinement son admission à la Société de géographie. Voyageuse considérable, elle a fourni, par ses notes personnelles quotidiennes et le secrétariat qu'elle a assuré auprès de son mari, de quoi répondre aux besoins et aux exigences de la science. Mais, touchée par la grâce devant un paysage ou un monument, elle ne l'est guère devant les populations ordinaires. Ainsi à Srinagar :

« L'eau reposée des fatigues de la journée est devenue limpide et reflète l'astre qui nous éclaire, les vêtements de nos rameurs nous paraissent presque propres et dans un ravissement inexprimable nous arrivons à notre demeure. Déjà, les tchouprassis sont étendus sous les terrasses pour se reposer des travaux de leur journée d'oisiveté. Ils vont dormir sous ce beau ciel où point n'est besoin de toiture ; si, par hasard, il survient un orage, la véranda est là pour leur servir d'abri. Le coucher du soleil donne le signal du repos, en

2. *Ibid.*, p. 245.

apparence au moins, car l'intérieur des maisons cache souvent des orgies effrénées. [...] Hindous et musulmans n'ont, je crois, sous ce rapport rien à se reprocher les uns aux autres [3]. »

Quant aux domestiques sartes, des Kirghiz sédentarisés qu'elle évoque toujours avec mépris, elle estime qu'« on leur donne toujours trop pour le peu qu'ils font ».

On pense à Mme Roncayolo, à l'autre bout du monde, qui se trouve elle aussi mal servie : « Tout garçon d'hôtel est un individu paresseux et vicieux ne connaissant aucun métier et ne voulant rien faire [4]. » Mais de Marie de Ujfalvy-Bourdon, qui en principe observe scientifiquement les sociétés, on attendrait moins de préjugés : « On sait déjà, écrit-elle, que le marchand musulman est avide et cupide ; à ces défauts et en dehors de son commerce il joint la poltronnerie, la cruauté et l'hypocrisie [5]. » Cela ne la gêne pas non plus d'emprunter des préventions aux autres : « Malgré toutes ces qualités physiques que possèdent les Cachemiris, on peut répéter ce qu'en disait Jacquemont il y a cinquante ans : "Peuple ingénieux mais lâche, ils sont fourbes, plats, menteurs, voleurs [6]." » Quelques tentations d'eugénisme lui viennent aussi à l'esprit concernant les lépreux – « ce rebut de l'humanité » – qui donnent naissance à des enfants : « Peut-être y aurait-il acte d'humanité à faire interdire ces monstrueuses unions qui perpétuent une maladie contre laquelle la médecine se reconnaît impuissante [7]. »

On connaît bien ce discours d'orgueil, mais s'il est collectif comme voix de l'impérialisme et du colonialisme,

---

3. « Voyage d'une Parisienne dans l'Himalaya occidental. Le Koulou, le Cachemire, le Balistan et le Dras (1881) », *Le Tour du Monde*, 1883, II, p. 366.

4. *Au Venezuela...*, *op. cit.*, p. 31.

5. « D'Orenbourg à Samarkand », *op. cit.*, p. 30.

6. « Voyage d'une Parisienne dans l'Himalaya occidental... », *op. cit.*, p. 357.

7. « D'Orenbourg à Samarkand », *op. cit.*, p. 30.

il est tout autant individuel puisqu'on ne le trouve pas sous toutes les plumes. La plupart des femmes évoquées ici respectent les sociétés qu'elles traversent ou évitent de tenir de semblables propos. Qu'elles aient des activités scientifiques n'est pas, on le voit, une garantie de retenue car la différence d'attitude ne vient pas de ce qu'elles font mais de ce qu'elles sont.

Mme Janssen donne l'exemple d'un autre ton. Toutes celles qui voyagent dans les pays musulmans témoignent de constantes situations de polygamie mais, en Inde, quelques cas de polyandrie, vestiges de civilisations anciennes, peuvent être observés. Bien qu'elle ne fasse que livrer des faits sans les commenter, Mme Janssen nous évite la tentation de croire que, si la polygamie aliène la femme, l'état antonyme, la polyandrie, serait meilleur pour elle !

Jules Janssen est un savant majeur du XIXe siècle. Physicien, géologue et surtout astronome, c'est aussi un alpiniste qui harmonisera ses passions en faisant installer un observatoire sur le mont Blanc après avoir fondé celui de Meudon. Son travail sur la photographie des astres a jeté les bases de l'astronomie moderne. En 1880, il est envoyé dans le sud de l'Inde pour y étudier une éclipse, et son épouse l'accompagne comme secrétaire officielle de la mission. Les Todas, dont elle décrit les coutumes, résident dans un massif au beau nom de Nilgherries, ou montagnes Bleues. « Le Toda plaît par sa taille, ses traits et l'aisance de ses manières. Son costume singulier lui sied à merveille[8]. » C'est un peuple très pauvre, frugal, aux manières simples, qui ne possède que ses buffles. « Le soir, le troupeau est ramené à l'enclos ; tous les habitants du village s'assemblent, saluent les animaux avec respect en élevant les mains au front et prononçant ces mots : “Que tout aille

8. « Souvenirs d'un voyage aux Nilgherries. Les Todas », *Le Tour du Monde*, 1882, II, p. 241.

bien[9]." » Dans cette société, on ne garde qu'une fille et on étouffe les autres à la naissance. Homme et femme se choisissent, mais l'épouse devient aussi celle de tous ses beaux-frères. Le premier-né est déclaré conventionnellement fils de l'aîné des frères, le deuxième enfant fils du deuxième frère, et ainsi de suite. La femme toda n'est astreinte à aucun travail et ne fait que chanter avec les autres épouses.

L'attitude de Mme Janssen devant l'inévitable disparition de cette tribu est symptomatique de l'évolution des mentalités. Là où nous aurions recours aux appareils de réanimation, elle ferme délicatement les yeux du malade : « Nous aimions les voir aller majestueusement au milieu de cette grande et sauvage nature qui les encadrait si bien. Comme les forêts séculaires qui leur servent d'asile, ils nous représentaient le passé et nous faisions des vœux pour qu'on laisse s'éteindre, sans les troubler, ces derniers représentants d'une des races primitives de l'Inde[10]. »

Cette empathie de l'observateur avec l'observé, qui n'était déjà pas le fort de Marie de Ujfalvy-Bourdon, est encore moins celui de Mme Marchand, qui signe Jean Pommerol. Assez hardie pour passer plus d'un an à étudier les mœurs de différentes tribus du Sahara, mais assez bornée pour les mépriser : « Il n'y a pas de femme honnête sous ce climat, dans cette race[11] », Ou encore : « Femmes du Sahara, femmes du Ksour, êtres d'âme puérile et limitée qui sont à leur vraie place dans leur vrai milieu[12]. » L'esclavage la dérange si peu qu'on la voit changer de morale quand il s'agit de la domination sexuelle du propriétaire : « La négresse reçoit, il est vrai, l'honneur de la couche du maître. [...] Négresses de

9. *Ibid.*, p. 244.
10. *Ibid.*, p. 248.
11. *Une femme chez les Sahariennes. Entre Laghouat et In-Salah*, Paris, Flammarion, 1900, p. 53.
12. *Ibid.*, p. 131.

Ghardaïa, de Be-Yzguen, d'El-Ateuf, c'est avec de beaux bras, des corps souples et des sourires aux dents blanches que vous posez sur la tête des maîtres cette couronne de joie[13]. » Elle-même ramènera pour son service personnel un petit garçon d'une dizaine d'années[14]. Cela dit, si l'ethnologie doit quelque chose aux amateurs, *Une femme chez les Sahariennes*, avec son abondante documentation sur nombre de tribus et ses superbes photos, mérite reconnaissance une fois débarrassé des scories d'un regard dominant.

---

13. *Ibid.*, p. 203.
14. *La Fronde*, 7 novembre 1899.

XI

Étranges curiosités

> [Nous rencontrâmes] quelques Arabes becharis, semblables à ceux que nous admirions il y a quelques années au Jardin d'acclimatation.
>
> Blanche LEE CHILDE.

Mais que sont donc tous ces crânes devenus ? Avec ceux qu'il a rapportés, Charles-Eugène Ujfalvy a constitué un atlas anthropologique, mais les besoins de la science mettent à contribution d'autres collecteurs, tel le mari de Laure Durand-Fardel en voyage à Shanghai : « Max, écrit-elle, avait aussi ses occupations particulières et fort sérieuses : il s'agissait de recueillir la tête d'un pirate chinois qu'on devait pendre et qui l'avait bien mérité. [...] La cérémonie faite, on le transporta à l'hôpital où Max, qui avait obtenu l'autorisation d'emporter la tête du pendu, la prépara et la mit dans un petit baril d'alcool destiné à la Société d'anthropologie qui lui avait demandé un crâne et un cerveau de Chinois[1]. »

En 1875, Laure Durand-Fardel accompagne son époux, médecin à la retraite en « mission médicale »,

1. *De Marseille à Shanghai et Yedo. Récits d'une Parisienne*, Paris, Hachette, 1879, p. 239.

mais surtout, elle rend visite à sa fille mariée à un résident français de Shanghai. Le récit qu'elle publie à partir de sa correspondance résulte d'une répartition bourgeoise des rôles à l'intérieur du couple : « Tandis que le mari se livrait à des observations scientifiques et médicales, Mme Durand-Fardel racontait ses émotions dans des lettres collectives[2]. » Monsieur pense et Madame papote, laisse-t-elle écrire par son préfacier.

C'est un déplacement hors du commun que celui de Laure Durand-Fardel, même si Mme Bourbonnaud le reprend presque à l'identique treize ans plus tard. Hors du commun par sa longueur et sa destination, mais déplacement somme toute de grand tourisme : les bonnes cabines de steamer, la table du commandant, les trains confortables, les hôtels tenus par des Européens, le séjour à Shanghai parmi les notables.

À Port-Saïd, un concert classique donné par des musiciennes allemandes séduit Laure plus que le spectacle de la ville : « Les vautours qui nettoient tous les détritus des rues paraissent vivre en bonne intelligence avec les autres animaux, y compris les petits négrillons de un à cinq ans dont le plus grand plaisir est de prendre des bains dans la poussière. [...] En les voyant rouler ainsi, ils me rappelaient nos petits cochons qui eux aussi sont gentils quand ils sont petits. Je regrette bien qu'avec le temps cela doive devenir embarrassant car j'aurais eu bien du plaisir à acheter un petit nègre[3]. »

À Ceylan, c'est l'émerveillement. Après Port-Saïd, Aden, les terres brûlées et la chaleur étouffante de la mer Rouge, l'île éblouit toutes les voyageuses qui découvrent l'exubérance de la nature, les fruits tropicaux, les couleurs, la douceur de vivre, les beaux temples et la culture asiatique dans toute sa délicatesse. En revanche, à Singapour, « monde de misère et de saleté », Laure

2. *Ibid.*, Préface.
3. *Ibid.*, p. 60.

Durand-Fardel avance un flacon de sels collé au nez : « Les rues étroites sont pavées de poissons salés séchés ou saignants, de courges, de volailles, de porcs, de gens couchés ou accroupis, d'autres gens marchant ou enjambant cet amas sans nom[4]. » L'abandon des enfants en Chine est tel qu'une voiture est affectée au « ramassage ». Les riches mandarins les achètent pour en faire leurs domestiques et les couvents des catholiques.

Un petit salé au chou console Laure d'une traversée difficile entre Saigon et Hong Kong. Comme Fanny Loviot, elle adore Canton, son énergie, son mouvement perpétuel, ses boutiques : « Il faudrait passer des semaines à Canton, ville unique au monde[5]. » Shanghai lui fait retrouver sa fille et découvrir ses petits-enfants. Elle y mènera une vie familiale et mondaine en milieu européen. Les airs de bal lui conviennent mieux que la musique chinoise, « tintamarre inouï », réaction qu'elle partage avec toutes les voyageuses, hostiles aux sons ethniques.

Laure Durand-Fardel profite de la proximité des deux pays pour faire une excursion au Japon avec sa fille. Au premier contact, à Nagasaki, les deux Européennes s'agacent du costume des femmes qui entrave leur marche et de leurs dents laquées qui ouvrent un gouffre noir à la place de la bouche. Au moins, constatent-elles, on peut croiser des Japonaises qui, moins séquestrées que les Chinoises, sortent occasionnellement avec une servante.

À la réserve succède vite l'admiration. D'Osaka à Kobe puis à Yokohama, le trajet est « d'un pittoresque inimaginable. [...] L'aspect enchanteur des sites qui se déroulent devant vos regards de quelque côté qu'on les porte, la splendeur de la végétation, la bonne humeur de la population, son aisance apparente enfin,

4. *Ibid.*, p. 110.
5. *Ibid.*, p. 160.

l'empressement avec lequel nos coutumes y semblent recueillies contrastent vivement avec la sévérité du Céleste Empire[6]. »

Tokyo étonne les deux Françaises avec son million d'habitants, ses abords misérables, le voisinage des maisons de bois du centre avec des quartiers de constructions nouvelles à l'européenne – grands boulevards et circulation intense. Mme Durand-Fardel ne repart pas les mains vides : dans un temple réputé pour ses laques, elle ne peut s'empêcher de détacher de la boiserie une petite fleur de lotus en bois doré : « Notre bonze conducteur marchant à côté de nous me gênait beaucoup car j'avais envie d'emporter un petit souvenir de ce lieu de recueillement[7]. »

De retour à Shanghai, elle n'entend pas quitter le pays sans avoir vu « à nu » l'un de ces fameux pieds atrophiés de Chinoises. Elle se met bien avec une religieuse qui lui organise la séance dans l'hôpital qu'elle dirige. La jeune femme choisie, contrainte de s'exécuter, sanglote, ses enfants aussi. « Je ne vis qu'une affreuse difformité », commente Laure. Mais était-elle venue voir autre chose ? Quand Shanghai lui offre le spectacle d'un incendie considérable, elle se précipite. Le goût du morbide est là, et à la différence de notre époque on ne le censure pas, en tout cas on ne le masque pas de vraie ou fausse compassion. Tout au plus prétend-on que les victimes ne sont guère affectées par la souffrance. Même si elle n'a pas assisté avec son mari à des pendaisons ou à des punitions publiques – coups de bâton ou carcan –, Mme Durand-Fardel a son opinion : le condamné est forcément coupable et le châtiment tout à fait supportable. Pourtant, dix ans auparavant, Catherine de Bourboulon, l'épouse de l'ambassadeur de France à Pékin, était horrifiée par les supplices publics.

6. *Ibid.*, p. 347.
7. *Ibid.*, p. 345.

Nombreuses sont d'ailleurs les voyageuses qui trouvent les natifs moins sensibles qu'elles à la douleur, s'exonérant ainsi de toute mauvaise conscience. « J'assistai, raconte la même Catherine de Bourboulon, [...] à une scène émouvante qui me fit faire de tristes retours sur ma propre position : la femme d'un pharmacien russe de Kiakhta, atteinte à Ourga [Oulan-Bator] d'une grave maladie nerveuse, avait voulu profiter de notre passage pour retourner en Sibérie sous notre protection. Au moment de partir de Bourgaltaï, son état devint si inquiétant qu'il fallut la laisser dans une tente à la discrétion des Mongols, avec un Cosaque pour garde-malade ; je lui ai apporté quelques provisions, des briques de thé et du sucre, et n'ai voulu partir qu'après m'être assurée qu'il n'y avait pas de péril imminent et qu'elle ne courait aucun danger d'être attaquée et dévalisée dans ces solitudes. Il est vrai que ces femmes sibériennes, habituées à voyager avec leurs maris, sont si endurcies à toutes les épreuves de la vie aventureuse qu'elles n'ont peur de rien[8]. »

Quant à Mme Grandin, voilà qu'un soir de 1893 son mari rentre du pavillon français de l'Exposition universelle de Chicago, dont il est le directeur, en annonçant que Milwaukee est en flammes. Ils se précipitent vers la gare et font quatre heures de trajet en train express pour ne pas rater cette « superbe horreur ». Sur place elle se dit « étonnée », c'est-à-dire déçue, que l'ambiance ne soit pas plus dramatique. Il est vrai qu'il y a « seulement » cinquante victimes. « N'ayant donc point à se nourrir de navrantes émotions, mon estomac ne craignit point de manifester son exigence[9]. » Après un charmant pique-nique sous les arbres, comme ils n'ont pas dormi de la nuit, ils s'abandonnent à une bonne sieste.

8. « Relation du voyage de Shangai à Moscou », *Le Tour du Monde*, 1865, I p. 246.
9. *Impressions d'une Parisienne à Chicago*, Paris, Flammarion, 1894, p. 143.

Heureusement, le lendemain l'incendie leur donne toute satisfaction : « Impressionnée jusqu'à la terreur par ce spectacle, j'y étais en même temps retenue, clouée comme malgré moi [10]. » En quittant le pays, les Grandin passent par Washington. C'est un dimanche, il n'y a rien à faire, quand ils se rappellent l'effondrement d'un plafond du ministère de la Guerre qui vient de faire de nombreuses victimes, dont de hautes personnalités. Voilà la sortie toute trouvée : ils filent à l'enterrement.

À Constantinople, où elle passera trois ans, Mme de La Ferté-Meun est comblée des plaisirs de la vie d'ambassade mais souffre toutefois d'une frustration : « Je disais souvent à l'un de mes compatriotes : le spectacle d'un incendie manque à notre curiosité [11]. » Mais le sort finit par pourvoir à ses désirs – « Nous avons passé la nuit avec une nombreuse compagnie pour voir brûler quatre mille maisons en un instant [12] » – et y pourvoit même avec générosité puisque le spectacle se reproduit plusieurs fois encore.

---

10. *Ibid.*, p. 151.

11. *Lettres sur le Bosphore ou Relation d'un voyage en différentes parties de l'Orient pendant les années 1816-1819*, Paris, Domère, 1821, p. 221.

12. *Ibid.*

XII

Le voyage aux États-Unis

> Avant d'apercevoir la figure d'un Yankee, vous voyez toujours la semelle de ses souliers. Pour lui, avoir les pieds à un mètre au-dessus du niveau de la tête a un charme irrésistible.
>
> Olympe AUDOUARD.

Mme Grandin, très bonne observatrice de la vie aux États-Unis et témoin de qualité puisqu'elle réside un an à Chicago pour l'Exposition universelle, en rend compte avec talent. La traversée du Havre à New York qu'elle effectue à bord de la *Touraine*, le dernier-né des paquebots, dure huit jours et lui réserve les meilleures conditions de voyage. Elle s'afflige toutefois, comme Sarah Bernhardt et la plupart des voyageuses transatlantiques, de l'inconfort réservé aux pauvres, ces émigrés européens qui par milliers vont tenter fortune au Nouveau Monde. Moins de salons et plus de place pour eux vaudrait mieux, pense-t-elle. Ces immigrants, surtout allemands et italiens, dansent le soir au son de l'accordéon ou chantent en chœur, et le spectacle observé du pont supérieur est l'un de ses plus forts souvenirs : « Ces hommes que la misère chassait de leur terre natale nous faisaient vibrer des émotions les plus intenses [1]. »

1. *Impressions d'une Parisienne à Chicago*, *op. cit.*, p. 12.

Des événements surviennent à bord. Une nuit, elle se relève, seule passagère à accompagner un marin dont le cercueil va être jeté à la mer ; au même moment, sur le pont inférieur, naît une petite fille qu'on baptisera Touraine. Sans l'insistance de tous, le père, qui s'expatrie pour nourrir sa famille, n'oserait accepter la très généreuse somme rapportée par la collecte. Les émotions, le confort, le sentiment de sécurité quand il n'y a pas de tempêtes, la scène de la mer font de la traversée en paquebot, de ces jours suspendus entre un départ ému et une arrivée inquiète, des moments appréciés de toutes les voyageuses.

C'est Mme Grandin qui raconte le mieux la surprise mitigée que réserve New York à l'arrivée : « Devant moi, à la sortie des docks, une vilaine rue étroite, longue jusqu'à l'infini, flanquée de phénoménales maisons démesurément hautes, uniformément rouges, épouvantablement laides et que bordaient, l'étrécissant encore, de grands poteaux soutenant la trame épaisse et serrées des fils télégraphiques. Point de ciel ! Un immense viaduc parallèle à la rue. Dessus, le roulement des trains lancés à toute vapeur ; dessous, celui des voitures et des tramways avec un indescriptible hourvari de chocs, de cris, de sonnailles dont ne s'émeuvent nullement les passants qui circulent sur le trottoir, [...] tous corrects de tenue, d'allure, tous grands, tous minces, tous soignés, tous rasés, tous pressés[2]. » Le pont de Brooklyn, « merveille de génie et d'audace », l'éblouit comme il éblouit toutes les voyageuses.

La vision qu'a Mme Grandin des populations pauvres non intégrées, vision malheureusement assez partagée par les Françaises d'alors visitant les États-Unis, est raciste. Les Juifs, « très méprisés à New York, vivent misérables et sordides, dans un quartier malpropre. Contrairement à leurs habitudes, ici [ils] n'ont point

2. *Ibid.*, p. 25.

accaparé les richesses [3] ». « Le quartier chinois est propre comme une jatte de porcelaine et, sauf à l'aspect des maisons, à voir ces longues faces jaunes, ces queues tressées, ces robes asiatiques, on pourrait se croire à Pékin. Les Américains détestent les Chinois qui le leur rendent bien [4]. » En été toutes les femmes s'habillent en blanc, costume « qui ne fait paraître que plus affreuses les têtes jaunes et les pattes noires [5]. » Comme Jeanne Goussard de Mayolle, Mme Grandin est toutefois indignée du sort fait aux Indiens, révélant au passage de moins bons sentiments vis-à-vis des Noirs : « On comprend vraiment la révolte [des Indiens]. Et pourtant leur race n'est point des pires. Par l'intelligence et le caractère ils sont très au-dessus des nègres, la race la plus abjecte et la plus stupide à mon avis ; êtres bas, vils et rampants, qui, par leurs défauts mêmes, sont devenus citoyens américains tandis que les Indiens, bien plus capables de se civiliser mais gardant leur fierté, leur orgueil d'hommes libres, sont traqués comme des bêtes fauves [6]. »

Plus que New York, c'est Chicago qui impressionne la voyageuse. Les immeubles plus hauts, plus beaux, atteignent vingt étages. Constructions, voies urbaines, espaces, lac : tout est monumental. La température elle-même n'a pas de limites : quarante-cinq degrés en été au moment où elle arrive, moins quinze et un vent glacial en hiver. Suivent des observations, généralement contrastées, sur tout. Les manières : le respect envers les femmes est inégalé mais les hommes ne se servent pas de mouchoirs et crachent à tout-va. La marche envers et contre tout de l'économie : le chantier de l'Exposition universelle est mené à un rythme stupéfiant, mais tous les jours surviennent des accidents

3. *Ibid.*, p. 30.
4. *Ibid.*, p. 31.
5. *Ibid.*, p. 34.
6. *Ibid.*, p. 80.

mortels. L'éducation : les enfants sont beaucoup plus libres et heureux qu'en France, mais le niveau des études et la mauvaise tenue de certains établissements laissent Mme Grandin peu convaincue de la valeur du système. Les trains : les grandes lignes sont sûres et confortables, mais les lignes secondaires construites à la va-vite sont si dangereuses qu'avec le billet on est incité à acheter une assurance. Les hôpitaux : ils distribuent de très bons soins, précieux aux nombreux occupants des hôtels et des pensions, mais inaccessibles aux pauvres gens, qui n'ont pour eux que le réseau de la charité institutionnelle des Églises, clubs et associations. Le dimanche : mortellement ennuyeux. Les intérieurs : beaucoup plus agréables qu'en France, clairs, spacieux, le mobilier arrangé avec liberté, pas d'alignement de chaises le long des murs. Le chauffage domestique : extrêmement dangereux par l'utilisation d'un gaz à la fois bon marché et inodore. Un jour, alors que les corps de ses voisins, un jeune couple et leur bébé, sont emportés, des furies du quartier arrachent des cheveux à la morte comme porte-bonheur. L'équivalent de la corde du pendu. Quand, victime elle-même de ce gaz, Mme Grandin en réchappera, sa première pensée sera pour sa chevelure. L'alcool : les débitants de boissons paient des « conducteurs d'ivrognes » pour raccompagner chez eux les clients éméchés. Pullman City : ville modèle créée selon les conceptions de M. Pullman, « véritable seigneur féodal », avec ses églises, ses écoles, son théâtre, propre, bien éclairée et gardée par la police privée du richissime propriétaire.

L'Exposition universelle terminée, Mme Grandin et son mari gagnent Washington. Depuis son wagon elle admire la splendeur de l'immense nature vierge mais reste tout aussi confondue devant la beauté magistrale, la nuit, des usines sidérurgiques de Pittsburgh : « Le pays du fer et du feu, cyclopéenne contrée dont les entrailles recèlent le métal, fondu, forgé sur place et où, de jour et de nuit, sans trêve, les hauts fourneaux halètent, rouges comme des bouches de volcans[7]. » Sarah Bernhardt en connaîtra aussi le choc mais non la séduction. C'est ce qui fait du récit de Mme Grandin un des premiers textes où s'inscrit l'admiration, particulièrement celle d'une femme, pour le paysage industriel, cet univers de la modernité où l'art va bientôt trouver ses thèmes.

« Il y a une aristocratie aux États-Unis, une aristocratie de suif et de morue[8]. » Marie de Grandfort, première Française à raconter ce pays où elle est allée dès 1853, publie un récit de voyage auquel elle a donné une forme romanesque qui lui permet, prêtant sa voix à des personnages, d'avancer des opinions particulièrement brutales. Quelles soient justes, au-delà de leur méchanceté : « Si je croyais aux USA comme nation, je dirais que leur peuple est un peuple étonnant qui fera faire au monde, rien que par sa fiévreuse activité et sa cupide énergie, un pas définitif vers le progrès absolu[9]. » Qu'elles soient lucides, puisque la guerre de Sécession commencera huit ans plus tard : « Il ne se passera pas dix ans aux États-Unis sans qu'il éclate une révolution. » Qu'elles soient absurdes : « Je dirais que la démocratie des États-Unis est le plus grand mensonge de ce siècle. [...] Dans cinquante ans, le pays sera devenu le centre du monarchisme le plus ardent et le plus passionné de toute la terre. Ce sont ces mêmes États-Unis qui reçoivent et absorbent pourtant à flots, chaque année, la plèbe de toutes les nations[10]. »

En fait, tous ces griefs xénophobes ont pour origine l'antagonisme de sa religion, la bonne, et de celle qui domine aux États-Unis, la mauvaise : « Le protestantisme n'a rien laissé debout. [...] Comme s'il suffisait

---

7. *Ibid.*, p. 317.
8. *L'Autre Monde...*, *op. cit.*, p. 249.
9. *Ibid.*, p. 209.
10. *Ibid.*, p. 211.

pour vivre d'avoir des fourneaux sans cesse allumés et des greniers toujours remplis. [...] Les États-Unis n'existent que dans le commerce : si quelque chose peut les faire monter au rang de nation, ce sera le retour de la foi parmi eux. Or, il n'y a qu'une religion dans le monde capable de l'y ramener : c'est le catholicisme [11]. » On comprend que la publication de son ouvrage à New York ait donné lieu à cet avertissement de l'éditeur : « Nous repoussons hautement toute solidarité avec l'auteur, dont la verve semble s'être inspirée d'une animosité inexplicable contre le peuple qu'elle prétendait peindre [12]. »

Malgré tout, la condition féminine séduit Marie de Grandfort, qui ne se prive pas de le dire à sa manière, c'est-à-dire sur un mode polémique : « Les Français rêvent l'affranchissement des femmes à Constantinople et ils n'admettent pas l'indépendance des femmes à New York [13]. » En revanche, ses compatriotes voyageuses, que ce soit Mme Grandin, Olympe Audouard ou Thérèse Bentzon, sont épatées par une société nouvelle qui les expose à trois révélations : son extraordinaire énergie, son melting-pot et sa modernité. Modernité générale, de l'urbanisme à la vie sociale, professionnelle et domestique en passant par les mentalités. L'orgueil national des Françaises en ressort troublé. De là peut-être l'extraordinaire agressivité d'une Marie de Grandfort ! Car l'ironie de Mme Grandin envers les dispositions chauvines de sa nation vise juste : « Le peuple le plus intelligent, le plus travailleur, le meilleur, c'est nous ! Le pays le plus beau, le plus riche, le mieux administré, le mieux gouverné, même, c'est le nôtre. [...] C'est un des dogmes fondamentaux de notre religion patriotique [14]. »

11. *Ibid.*, p. 245.
12. Éditions Charles Lassalle, 1855.
13. *L'Autre Monde...*, *op. cit.*, p. 57.
14. *Impressions d'une Parisienne à Chicago...*, *op. cit.*, p. IX.

XIII
Le voyage en Russie

> Presque plus que des marais et on arrive dans l'une des plus belles villes au monde [Saint-Pétersbourg], comme si d'un coup de baguette un enchanteur faisait sortir toutes les merveilles de l'Europe et de l'Asie du sein des déserts.
>
> Germaine DE STAËL.

Entre 1796, date de la mort de Catherine II, et 1903, date de la création du parti bolchevik, les premières et les dernières voyageuses françaises ne verront pas la même société. Cela vaut pour toutes les nations, mais spécialement pour les États-Unis et la Russie, dont l'avenir de superpuissances se prépare sous leurs yeux.

Le siècle s'ouvre avec les récits des exilées : Élisabeth Vigée-Lebrun et Germaine de Staël. La première, que sa situation de peintre de la cour de Louis XVI et de Marie-Antoinette a exposée au danger, quitte la France sous la Révolution pour protéger sa vie et celle de sa fille. Elle séjourne cinq ans en Russie, de 1795 à 1800. La seconde arrive en 1812 pour deux mois seulement, croisant Napoléon, celui-là même qui l'a expulsée et qui arrive avec son armée.

Le témoignage de ces deux exilées est une glorification de la richissime noblesse qui reçoit fastueusement dans ses palais de Moscou ou Saint-Pétersbourg et dans ses terres. Germaine de Staël ne voit dans ce monde où prévaut la culture française que des mœurs admirables et une société idéale : « En Russie, le peuple n'est pas pauvre et les grands savent mener la même vie que le peuple. [...] Les rapports des grands avec le peuple ressemblent plutôt à ce qu'on appelait la famille des esclaves dans l'Antiquité qu'à l'état de serfs chez les modernes[1]. » Elle se contredit aussitôt, d'ailleurs, à propos des esclaves kalmouks : « Êtres avilis qui me gâchent, se plaint-elle, les jouissances de la splendeur. [...] Quoique esclaves, ils amusent leurs maîtres par leur résistance comme un écureuil qui se débat contre les barreaux de sa cage[2]. » Élisabeth Vigée-Lebrun est tout aussi impassible face au servage : « Ce qui m'a paru le plus étrange, c'est de voir quelques-unes de ces dames faire coucher une femme esclave sous leur lit[3]. »

C'est comme comédienne et chanteuse que vers la même époque, en 1806, Louise Fusil gagne la Russie. Avant l'arrivée de Napoléon elle passe à Moscou des années d'enchantement dans une société où le spectacle a rang de passion, les fêtes d'hiver succédant aux fêtes d'été dans une égale et incessante magnificence. Reçue dans les plus grandes familles, jouant pour le Théâtre impérial, elle acquiert une place enviable dans ce milieu fortuné et francophile. « La noblesse de Moscou, écrit-elle, pouvait donner une idée des satrapes d'Orient[4]. »

Le 11 août 1812, elle revient d'une tournée en Asie pour trouver Moscou « en alarmes ». Napoléon approche. « Toute la noblesse partait ; c'était une procession continuelle de voitures, de chariots, de

1. *Dix années d'exil. Fragments d'un ouvrage inédit composé dans les années 1810 à 1813*, Bruxelles, Wahlen, 1821, p. 197 et 203.

2. *Ibid.*, p. 237.

3. *Souvenirs de Mme Louise-Élisabeth Vigée-Lebrun*, Paris, Fournier, 1835, p. 328.

4. *Souvenirs d'une actrice*, 3 vol., Paris, Dumont, 1841-1846, II, p. 211.

meubles, d'effets de toutes sortes[5]. » Les gens du peuple, prêtres et bannières en tête, s'enfuient eux aussi en d'immenses cortèges. N'ayant pu prendre aucune disposition, prisonnière du gigantesque incendie de la ville, Louise Fusil n'a d'autre choix que de se joindre à l'armée française en déroute pour essayer de regagner Paris. L'évocation, sous sa plume, de la fameuse retraite de Russie et du passage de la Berezina donne une idée poignante de la somme de souffrances à laquelle est livrée, dans la neige et le vent glacé, sans nourriture ni aide, cette masse de vaincus, de blessés, d'hommes, de femmes et même d'enfants, de chevaux. Quand s'effondre le pont sur la Berezina qu'elle vient juste de traverser, elle entend la clameur affreuse de ceux – dont tous les pontonniers – qui sont précipités dans le fleuve, comme de ceux qui restent bloqués de l'autre côté, livrés aux tirs des cosaques.

Elle gagne tant bien que mal Vilna, où il ne lui reste que la vie et une enfant qu'elle dit avoir recueillie dans la neige, mais dont on suggérera que c'était sa fille naturelle. De là, quelques mois plus tard, ayant mis la petite en lieu sûr, elle part en tournée en Suède où un froid monstrueux met encore sa vie en danger. Les mémoires de Louise Fusil ont connu de nombreuses rééditions justifiées par l'intérêt de son témoignage sur l'incendie de Moscou et la retraite de Russie, mais plus largement sur cette période d'échanges entre Moscou et Paris qui a vu s'expatrier artistes, intellectuels et personnel au service de ces grandes maisons d'Europe attachées à la culture et au savoir-vivre français.

Suzanne Voilquin, la saint-simonienne arrivée en 1839 pour travailler comme sage-femme, s'accommode mal, elle, de la société russe : « Que de fois mes idées de liberté et de justice se sont révoltées en voyant ces ventes d'esclaves blancs dissimulées aux yeux de

5. *Ibid.*, p. 269.

l'Europe sous le nom de servage. Grâce à Dieu, rentrée bientôt dans mon doux pays de France, je n'entendrai plus parler de ton affreux knout, cet instrument de torture ramassé dans l'officine des bourreaux du Moyen Âge[6]. »

Venue gagner sa vie avec une profession médicale qu'elle n'arrive pas à exercer dans la France conservatrice de l'époque, elle espère se constituer un capital, payer ses dettes et aider sa famille. Bien introduite auprès de la société aristocratique, la saint-simonienne est rétribuée avec largesse – dix fois plus qu'à Paris, estime-t-elle –, bien traitée et logée correctement dans un immeuble occupé par des artistes français, chanteurs et comédiens du Théâtre impérial. Mais elle ne supporte pas le froid, dangereux pour sa santé, et ce pays qu'elle observe plus qu'elle ne s'y intègre choque ses convictions politiques : despotisme du souverain, arrogance des riches et terrible misère du peuple maltraité.

Trois voyageuses ont visité la Russie plus tard : Olympe Audouard en 1870, Juliette Adam en 1882 et Thérèse Bentzon en 1901, toutes trois écrivaines journalistes voyageant à ce titre. La Russie a alors tellement évolué qu'Olympe Audouard et Thérèse Bentzon, qui sont allées auparavant aux États-Unis, partagent ce surprenant constat :

« D'après ce que l'on sait, écrit la seconde, des différences fondamentales qui existent entre deux pays situés aux antipodes pour ainsi dire l'un de l'autre, celui-là étant le berceau de la liberté, celui-ci la forteresse de l'absolutisme, il peut sembler étrange que cette rêveuse et mystique Russie m'ait rappelé si souvent au cours de mon récent voyage la positive Amérique. Mais je soulignerai le point de ressemblance le plus frappant

---

6. *Mémoires d'une saint-simonienne en Russie*, Paris, Éditions des Femmes, 1979, p. 277.

de tous, peut-être. Dans les deux pays le mouvement féministe, très accentué, a le même caractère, c'est-à-dire qu'il n'implique aucun sentiment d'antagonisme ni de révolte contre le sexe fort, et cela pour la bonne raison que l'homme en général, américain ou russe, favorise plutôt qu'il ne les contrarie, et en tout cas ne raille jamais, cette soif de savoir, ce besoin effréné de culture qui sévit chez l'"Ève nouvelle" [7]. »

Olympe Audouard décrit la vie en Russie avec un sérieux de documentariste dans des textes de compilation où seuls quelques faits anecdotiques permettent de croire à la réalité du voyage. Dans ce livre où tout de la société russe, de ses mœurs quotidiennes à ses lois, veut être abordé exhaustivement, c'est elle qui donnera le plus de détails sur la façon dont on se protège du froid, car « le froid est si froid qu'il est impossible de le traiter en quantité négligeable [8] », selon l'expression de Juliette Adam. Les intérieurs, riches ou pauvres, sont tous bien chauffés, « surchauffés » plus exactement pour les voyageuses françaises, même si cela ne répond pas aux standards actuels : à son arrivée chez une amie, en décembre, par moins vingt-six degrés dehors, Olympe prend un bain, met un peignoir de mousseline et « s'abandonne douillettement aux quatorze degrés de l'appartement ». Suzanne Voilquin, elle, a eu le plaisir de trouver dans sa cour une énorme quantité de bois mise à disposition des locataires. Ce qui fascine ces voyageuses, c'est que dans les appartements et les grandes demeures la chaleur est uniformément répartie y compris dans les couloirs, les escaliers et les recoins. Les riches, eux, sortent sans inconfort et même avec plaisir, protégés par les fourrures qui les enveloppent et équipent les traîneaux, pendant que les pauvres, avec

7. *Promenades en Russie. En Petite-Russie ; autour de Tolstoï ; bains de mer en Crimée ; femmes russes ; docteur et femme de lettres, Anne-Rosalie Sachalsky ; industries de village*, Paris, Hachette, 1903, p. 209.

8. *Impressions françaises en Russie*, Paris, Hachette, 1912, p. 7.

leurs vêtements en lambeaux et leurs bottes percées, « ont froid, très froid ». L'hiver, pour les moujiks, observe Olympe Audouard, est une terrible période qu'ils vivent confinés dans les « miasmes de la cabane ».

« Il y a tant d'espace en Russie que tout s'y perd, même la population. On dirait qu'on traverse un pays dont la nation vient de s'en aller », disait Germaine de Staël. Thérèse Bentzon est moins surprise : « Je l'avais goûté déjà dans la Prairie d'Amérique, ce plaisir incomparable d'avoir à soi l'immensité[9]. » L'expérience des États-Unis lui inspire un autre rapprochement : la difficile transition du servage ou de l'esclavage à la liberté. Le traumatisme économique, psychologique et social des serfs russes libérés lui rappelle celui des Noirs après l'abolition. Mais en Russie, à l'époque de son voyage, le problème est plus global : « Dans la morne tristesse des visages de paysans, on devine le poids plus ou moins conscient d'une lourde oppression séculaire que l'aube de la liberté n'a pas dissipée encore. C'est assurément quelque chose que l'émancipation des serfs, mais ce n'est pas tout. [...] Reste à supprimer d'autres formes de l'esclavage qu'il est impossible de ne pas sentir aussitôt que, fût-on étranger, on met le pied en Russie : continuelle ingérence de la police, défense de lire, d'écrire, d'enseigner, de penser, sourdes répressions[10]. » On est alors à quelques années de la révolution de 1905.

Une rue de Paris porte le nom de la femme de lettres Juliette Adam, qui a effectué un séjour rapide en Russie du 5 au 30 janvier 1882[11]. L'immensité, la neige, la beauté des paysages et des villes, le charme profond du pays, l'intégration des femmes dans la société sont chez elle aussi les bases de cette russophilie des Françaises qui répond à la francophilie des Russes. Mais Juliette

9. *Promenades en Russie...*, *op. cit.*, p. 7.
10. *Ibid.*, p. 74.
11. Voir *Impressions françaises en Russie*, *op. cit.*

Adam n'est pas une touriste. Proche de Gambetta, elle a fondé la *Nouvelle Revue*, publication intellectuelle où elle tient la chronique de politique étrangère. Un fort intérêt pour la question russe l'a poussée à venir voir de ses yeux et surtout entendre de ses oreilles tout ce qui permettrait un rapprochement entre les deux pays – opération ambitieuse dans laquelle elle voudrait jouer un rôle. En réalité, ce premier récit de voyage – car elle fera un séjour beaucoup plus long en 1911 – parle moins de la Russie, où elle s'en tient à la fréquentation des salons, que de l'évolution de la situation de la femme en France sous la Troisième République. Mariée à quinze ans à un homme qui l'avait ruinée, Juliette Adam avait élevé seule sa fille Alice et avait dû attendre son veuvage pour pouvoir épouser Edmond Adam, préfet de Paris. À l'époque du voyage en Russie, elle tient une revanche sociale et occupe « une position considérable » : son salon est le lieu de rencontre des intellectuels et des politiques, elle a réussi à fonder son propre journal, mais surtout elle fait du journalisme politique sa profession.

Elle est donc au premier rang pour admirer cette culture éclairée des grandes dames russes pour laquelle elle ne trouve pas de meilleure louange que le qualificatif de « culture masculine ». Cette admiration pour les qualités mondaines et intellectuelles des femmes de la haute société russe et d'une bourgeoisie émergente est unanime chez les voyageuses françaises, Suzanne Voilquin comprise – ces femmes russes qui, vers la fin du siècle, devant l'étendue de la misère urbaine, se font aussi remarquer pour leur engagement dans la bienfaisance, leur haut niveau de compétence en matière de soins et de gestion des établissements qu'elles fondent elles-mêmes.

XIV

Le costume

– Quand les archéologues se mettent à creuser, ils creusent comme des fous et ne sont plus capables de s'arrêter !
– Un peu comme les fox-terriers !

Agatha CHRISTIE.

Dans cette histoire, le vêtement ne saurait être laissé au rang des accessoires. Celui du voyage comme celui de la vie civile retrouvée. « Il me fallut donc m'entourer de trente-deux cerceaux d'acier, les recouvrir d'une trentaine de mètres de percale ou de mousseline et étaler sur cela cinquante mètres de soie. En un mot, dépenser pour une seule toilette plus que je n'avais dépensé pour toutes mes toilettes d'un an au désert[1]. » Le cas d'Olympe Audouard débarquant à Paris après un long séjour en Égypte et traînant des pieds pour revenir à sa toilette de ville n'est pas du tout représentatif. Les autres voyageuses sont, elles, tout à la satisfaction de cette mue. Ainsi Mme Chantre : « Avec quelle joie je déposais ma lourde chrysalide de voyage pour reprendre possession d'une robe claire et légère[2] ! » Ou encore Léonie d'Aunet de retour du Grand Nord : « Dès que

1. *L'Orient et ses peuplades*, Paris, Dentu, 1867, p. 4.
2. « À travers l'Arménie russe... », *op. cit.*, p. 180.

j'arrivai à l'hôtel, je m'empressai de faire déballer au plus vite une toilette complète afin de quitter mon costume hybride et affreux. Ici, je dois l'avouer dans toute la faiblesse de ma nature féminine, j'éprouvai un grand plaisir à mettre une jolie robe fraîche à grands volants et un chapeau de crêpe bien léger, bien couvert de fleurs, plein de cette grâce dont nos modistes parisiennes ont le monopole[3]. »

On comprend ce plaisir après les accoutrements improvisés car le vêtement des Occidentales, avec ses strates, ses corsets, son ampleur, sa sophistication, est parfaitement inadapté aux climats non tempérés, aux déplacements à dos d'animal, aux soucis d'hygiène, aux mauvaises conditions de vie quotidienne, à tout. Les photos de Louise Bourbonnaud, qui voyage bourgeoisement, la montrent visitant des ruines, coiffée chic et vêtue d'une longue robe noire gonflée par un jupon de tarlatane, mais celles qui vivent des expériences extrêmes doivent s'aménager des tenues de circonstance. Toutefois, elles ne se montreront qu'à leur avantage, et même celles qui rapportent beaucoup de photographies laisseront des portraits solennels généralement pris plus tard et en studio. Posant alors bien coiffées, en robe noire à manches gonflantes ou collantes en dentelle, elles ont l'air de dames pas très jeunes, un peu lourdes, au style conventionnel, ne laissant rien soupçonner de l'époque du revolver au côté qu'elles ont presque toutes connue. Celle aussi des gros gants de feutre et du masque contre les moustiques décrit par Catherine de Bourboulon : « Que l'on se figure des ovales en crin adaptés à la forme de la figure et déployés sur une petite crinoline en fil de fer, doublée de calicot, qui nous tombe jusqu'aux épaules[4]. »

3. *Voyage d'une femme au Spitzberg* [1854], Arles, Actes Sud, « Babel », 1995, p. 304.
4. « Relation de voyage de Shangai à Moscou », *op. cit.*, 1865, I, p. 266.

Le déguisement va permettre à Rose de Freycinet de monter en jeune marin à bord de la frégate qui l'emmène autour du monde. Fanny Loviot, captive des pirates chinois, essaiera de se faire passer pour un garçon afin de se protéger du viol. En Tunisie – où selon le propos de Mme B. Chantre « la femme n'existe pas, on pourrait même croire qu'il n'y en a pas[5] » –, Anne de Voisins d'Ambre se cache, pour certaines sorties, sous des tenues masculines arabes. Suzanne Voilquin, pour travailler à l'hôpital du Caire, doit en faire autant.

Mais impossible de parler du costume masculin sans évoquer Jane Dieulafoy. Au retour de ses pérégrinations, cette femme petite et mince aux yeux bleus, au lieu de troquer sa tenue coloniale – casque, vareuse, pantalon – contre une robe, adopte définitivement la redingote, le frac, le veston, les cols durs et la coupe de cheveux ultracourte. Pour ses expéditions archéologiques en Perse, elle a obtenu du préfet de Paris une « autorisation de travestissement », car selon une ordonnance du 7 novembre 1800 « toute femme trouvée travestie sera arrêtée et conduite à la préfecture de police ». Sa notoriété, sa résolution lui permettront de ne plus évoluer dans le monde parisien qu'en costume d'une masculinité affirmée.

Cela n'est pas du goût de tout le monde, pas même d'un journal féministe comme *La Fronde* : « Mme Dieulafoy a pris une telle habitude du costume masculin ; elle le porte avec une telle ostentation depuis son retour en France, qu'elle a l'air de rougir d'être femme et je crains de lui déplaire en la faisant figurer dans notre galerie des exploratrices. Mais il faut bien pardonner quelques travers aux savantes ; il suffit de lire et d'entendre Mme Dieulafoy pour lui rendre justice et s'enorgueillir de la compter – si peu – parmi les

5. « Sur les routes de Tunisie », *Le Tour du Monde*, 1908, II, p. 485.

voyageuses honorant son sexe. [...] Le ruban de la Légion d'honneur orne la boutonnière de son habit ; il ferait aussi bien sur un corsage, mais qu'importe. Mme Dieulafoy l'a bien mérité et, pour une fois, le gouvernement a fait preuve de bon féminisme[6]. »

La première fois que Jane s'habille en homme, c'est héroïquement en 1870, sur le front de la Loire, quand elle revêt l'uniforme de franc-tireur et prend le fusil pour refouler les Prussiens pendant que son mari s'engage dans l'armée régulière à laquelle elle n'a pas accès. On imagine le plaisir qu'elle a eu plus tard à signer ses articles « Jane Dieulafoy, officier d'Académie ». Dans son attitude de travesti il y a – et elle militera dans ce sens pendant la Grande Guerre – la volonté de défendre ce qu'il y a de masculin dans la femme, c'est-à-dire, selon la répartition conventionnelle des vertus, le courage et le savoir. La reconnaissance de ces qualités devrait, pense-t-elle, sortir ses semblables de la relégation. Comme George Sand, Jane Dieulafoy fait de sa tenue une provocation, mais elle l'exhibe en archéologue, ce qui, légitimant une nécessaire virilité, laisse malgré tout ses mobiles dans le flou.

Mais peut-on imaginer plus de contraste entre la tenue des Persanes et celle de Jane ! Dans ce pays du Moyen-Orient, la femme est, selon son terme, « empaquetée » : tchador, pantalon bouffant et ce fameux voile descendant jusqu'aux genoux avec un grillage à mailles serrées à hauteur des yeux qui frappe tellement les voyageuses. Une Parisienne, facétieuse ou ignorante, lui ayant demandé si elle n'envisageait pas « d'étaler aux yeux éblouis des dames persanes les plus élégantes conceptions de nos couturiers de renom », sa réponse donne une idée du caractère héroïque de ses

6. Mme Hagen, « La femme explorateur », *La Fronde*, 5 février 1899, cité dans « L'exotisme au féminin », *Les Cahiers de l'Exotisme*, novembre 2000, p. 13-31.

expéditions et fournit un argument imparable concernant ses choix vestimentaires :

« Franchissez trois fois en moins d'une année la Méditerranée, la mer Rouge, l'océan Indien, le golfe Persique et les déserts d'Élam ; passez des semaines entières sans pouvoir vous dévêtir, couchez sur la dure, soyez nuit et jour en prise aux pillards et aux bandits, traversez en hiver des rivières sans pont, endurez la chaleur, la pluie, le froid, la brume, la fièvre, la fatigue, la faim, la soif, les piqûres des insectes les plus variés ; vivez cette existence rude et périlleuse sans être guidée par d'autre intérêt que la gloire de votre pays et l'on vous dira : "Si vous vouliez, vous feriez pourtant un mannequin fort présentable [7] !" »

Entre 1881 et 1882, les Dieulafoy font un premier voyage de quatorze mois en Perse, Chaldée et Susiane. Ils parcourent près de six mille kilomètres en cent quarante étapes. Ils arrivent probablement eux aussi par Batoum pour rejoindre Erevan puis Téhéran via Tabriz. Ils circulent surtout à cheval, n'ont pas d'équipage et dorment dans les caravansérails. En comparaison avec les Chantre ou les Ujfalvy, ils voyagent léger et vont beaucoup plus loin : Ispahan, Chiraz, Bagdad, Babylone, Suse – l'itinéraire des merveilles. Ces régions riches en paysages mais surtout en monuments où Alexandre le Grand, Xerxès et Darius ont laissé leur marque offrent à leurs regards des spectacles tous les jours plus beaux. Le couple pressent la fabuleuse richesse archéologique de la région de Suse, la Susiane, mais mesure les énormes difficultés qui surgiraient en cas de fouilles archéologiques. Bien qu'ils n'aient prévu ni les pluies diluviennes ni le voisinage de la peste bubonique, l'avenir montrera qu'ils ne les ont pas surestimées : concurrence des Anglais, difficulté d'obtenir les diverses autorisations, haine des musulmans contre des chrétiens, superstitions fanatiques

7. « À Suse. Journal des fouilles », *Le Tour du Monde*, 1888, I, p. 36.

mettant en danger la vie des Occidentaux, travail de titan pour dégager les objets, difficulté à trouver et gérer la main-d'œuvre, corruption, pressions multiples, climat extrême, mauvaise nourriture, méchantes conditions de vie. « Fatigués, malades, anémiés par la fièvre, M. Dieulafoy et moi revînmes en France avec l'idée bien arrêtée de ne plus nous désaltérer désormais à des sources étrangères[8]. »

Quelques mois plus tard, ils sont de retour sur le site de Suse. Jules Ferry a accordé de confortables crédits, deux collègues se sont joints à eux, ils ont du matériel et surtout des autorisations. Au troisième voyage ils connaîtront le confort d'une cabane en dur et d'un potager avec des pommes de terre. Grâce à ce couple soudé comme une équipe, aux compétences parfaitement distribuées, au courage sans égal, la France s'enrichit d'un trésor : frises des Lions et des Archers de Darius, chapiteaux, taureaux ailés, statues, urnes funéraires, qu'ils acheminent vers le Louvre au prix d'une opération gigantesque d'excavation, d'étiquetage, d'emballage, de transport, de négociations, de protection contre vols et confiscations. « Nous avons acquis, au prix d'un travail opiniâtre et d'efforts dont nul ne soupçonnera jamais l'âpreté, des richesses archéologiques inestimables. Les reliques des palais achéménides ne furent pas arrachées à un monument superbe mais ressuscitées des entrailles avares de la terre et conquises au péril de notre vie[9]. »

À l'inauguration des salles Dieulafoy du Louvre en octobre 1886, Jane recevra des mains du président Carnot cette Légion d'honneur bien méritée qui viendra orner la provocante redingote. Gérant le chantier, photographiant, classant, faisant le coup de feu, tenant le journal en « historiographe », Mme Dieulafoy a pris intégralement place dans cette aventure unique dont le

8. *Ibid.*, 1887, II, p. 1.
9. *Ibid.*, 1888, I, p. 80.

récit, de très bonne qualité littéraire, laisse le lecteur impressionné. On imagine ce moment quotidien volé au repos, quand les voyageuses jettent sur le papier les notes et les croquis qui leur permettront plus tard de décrire les paysages et les monuments, car la photo pas plus alors qu'aujourd'hui n'exclut le texte. Le récit de voyage, surtout de voyage scientifique, implique l'exercice de la description, et si la rédactrice ne dispose pas d'une bonne plume, ingrates peuvent être pour le lecteur ces pages qui veulent faire visualiser à force de mots une mosquée, une tour, une frise, une sculpture. Les événements, les émotions se racontent mieux. Mais l'écriture de Jane Dieulafoy, rigoureuse pour rendre compte des données objectives, répond aussi à la séduction d'un lieu quand elle l'éprouve :

« Le long d'un canal qui déverse dans des rigoles d'irrigation l'eau d'un puits artésien encore plus abondant que le premier, apparaissent des champs de luzerne semés en planche comme les légumes de nos potagers et si verts, si beaux que chaque tige de fourrage semble pousser en serre chaude. Ce sont des jardins, toujours des jardins traversés au galop des baudets, sous les feuilles ruisselantes des magnolias et des dattiers. [...] Une multitude de huttes recouvertes de nattes en feuilles de palmier, de cultivateurs habillés de blanc, de femmes vêtues de rouge jettent au milieu des bois une note vivante qui en complète le charme. Éloignez-vous de ma mémoire, rives du Nil et du Chat-el-Arab, roseraies parfumées d'Ispahan et de Chiraz, auprès de Baharein vous me semblez de tristes déserts[10]. »

Que cet antique réseau d'irrigation préservé lui parle tout particulièrement n'a rien d'étonnant, elle qui travaille sur de grandes civilisations effacées au point de n'avoir laissé que ruines et aridité.

---

10. *Ibid.*, 1887, II, p. 24.

Son regard, souvent marqué d'ironie, la tient à une distance méprisante des natifs. D'un esclave noir devenu général elle écrit : « Avec quelle étourdissante dignité il abandonne sa patte enfumée aux baisers d'une foule idolâtre [11]. » Les femmes sont particulièrement mal traitées : « Elles se penchent comme des guenons. [...] Jeunes ou vieilles montrent derrière le tchader, grande toile à matelas qui les voile des pieds à la tête, une figure maussade à guérir de l'amour un chimpanzé [12]. »

Les Dieulafoy, toujours fascinés par l'Islam, font ensuite de nombreux séjours en Espagne et donnent des conférences. Le 2 août 1902, les arènes de Béziers présentent un opéra de Camille Saint-Saëns, *Parysatis*, dont le livret est signé Jane Dieulafoy. Publiée sous forme de roman en 1890, l'œuvre avait été distinguée par un prix de l'Académie française.

Quand éclate la Grande Guerre, les Dieulafoy se remettent au service de la nation. Marcel est affecté au Maroc dans les services du génie. Leur temps sera partagé entre le soutien à la guerre et des fouilles. Jane dirige un chantier archéologique tout en participant aux œuvres humanitaires de la générale Lyautey auprès d'une population dont l'état sanitaire est catastrophique. Elle assure le service des ambulances et le fonctionnement d'un dispensaire « indigène ». Là elle contracte une dysenterie amibienne, une ophtalmie purulente et une bronchite aiguë, si bien qu'au printemps 1915 le couple doit rentrer en France. Jane souffre terriblement mais se rétablit suffisamment pour retourner au Maroc. Bientôt, cependant, sa mauvaise santé lui interdit de nouveau toute activité. Dès l'automne il faut regagner la métropole.

En mai 1916, Jane Dieulafoy décède dans la propriété familiale, près de Toulouse, à l'âge de soixante-cinq ans.

---

11. *Ibid.*, p. 28.
12. *Ibid.*, 1887, II, p. 60.

XV
Les maris

> Je me disais qu'une femme ayant la protection d'un mari ou d'un frère ne serait pas témoin de tels abus [les disputes entre le guide et le majordome], mais je pensai ensuite que, les maris et les frères se chargeant rarement de promener leur famille dans ces interminables déserts, ma réflexion était absolument oiseuse.
>
> Mme LE RAY.

Les voyageuses telles que Mme Le Ray, qui passe seule quatre mois dans les sables de Syrie, sont rares, mais rares sont aussi celles que leurs maris promènent dans les déserts. Toutefois il en existe, et le voyage est l'occasion de révéler des couples solidairement et égalitairement engagés dans la découverte de l'inconnu.

Plus émancipée qu'une autre femme, la voyageuse ne l'est généralement pas au point d'envisager des périples en solitaire. Comment en irait-il autrement dans un monde où la culture féminine est ce qu'elle est et le voyage au loin, une aventure risquée ? Même quand s'ouvrent quelques hôtels convenables et des lignes maritimes ou ferroviaires régulières et sûres, il reste l'acheminement au fin fond des pays avec les risques de maladie, l'inconfort, les dangers de toutes sortes et des situations particulièrement délicates pour les femmes qui, dans le milieu essentiellement masculin des guides, des porteurs et personnels divers, doivent composer avec les épreuves intimes de leurs corps, les jours de règles, les besoins pressants ou non, les risques de grossesse, la toilette.

C'est généralement dans la sphère professionnelle du mari que se décide le déplacement, sa destination et ses conditions, si bien qu'à part Mme Lenglet-Dufresnois, contrainte au départ, les voyageuses connaissent l'agréable frisson d'être à la fois de bonnes épouses qui suivent leur conjoint et des femmes transgressives qui enfreignent les lois de l'ordre domestique. Rose de Freycinet, qui s'embarque clandestinement à bord du vaisseau de son mari, en est un bon exemple : « J'avais à choisir entre mon affection et des préjugés qu'il me fallait braver. [...] J'ai choisi le parti qui me paraissait être le plus heureux pour mon mari et pour moi [1]. » Léonie d'Aunet, elle, a joué sa carte personnelle : profitant d'une invitation faite à son compagnon, François-Auguste Biard, peintre de renom, elle s'est imposée à l'expédition scientifique de la *Recherche* partie au Spitzberg en 1839.

Dans un autre mode de relation au mari, c'est parce qu'elles sont veuves que Louise Bourbonnaud et Isabelle Massieu ont tant voyagé, tandis qu'Olympe Audouard s'est débarrassée du sien. Une fois la mésentente conjugale soldée par une séparation de corps, elle court d'Amérique en Russie, se donnant elle-même la liberté que la loi ne lui accorde pas. Plus radicale et bien antérieure, Marie-Catherine Le Jumel de Barneville, baronne d'Aulnoy, dont les contes ont enchanté l'enfance de George Sand et de Gustave Flaubert, avait fait embastiller son mari et trouvé bon de visiter

1. *Campagne de l'Uranie (1817-1820). Journal de Mme Rose de Saulces de Freycinet, d'après le manuscrit original, accompagné de notes par Charles Duplomb, directeur honoraire au ministère de la Marine*, Paris, Société d'éditions géographiques, maritimes et coloniales, 1927, p. I.

l'Espagne quand, justice rendue à son innocence, l'homme avait été libéré. C'est ainsi qu'en 1691 paraissait le premier récit de voyage français au féminin : *Relation du voyage en Espagne*.

Les ouvrages des voyageuses, tout singuliers qu'ils soient, présentent des points communs, car le récit de voyage au XIXe siècle a son modèle même s'il n'est pas explicite. Pour la frustration du lecteur d'aujourd'hui, il exclut notamment les informations biographiques. Les auteures ne disent rien de leur âge, de leur vie antérieure, de leur famille, et donc – pourquoi pas – du mari, qu'elles n'évoquent qu'à peine ou pas du tout, faisant comme si elles partaient seules. Se laissant aller à la fierté de leur aventure, elles se donnent ainsi la satisfaction d'un récit à la première personne qui en fait des conquérantes autonomes. De nombreux titres où elles font sonner le féminin disent leur plaisir de se présenter en personnes indépendantes, riches d'une expérience hors du commun : *Voyage d'une Parisienne dans l'Himalaya*, *Une Parisienne au Brésil*, *Impressions d'une Parisienne à Chicago*, *Une Française à Jérusalem*, *Voyage d'une femme au Spitzberg*, *Une Française au Soudan*, *Seule à travers 45 000 lieues*, *Une femme sur la route*, *Lettres d'une voyageuse*....

En revanche, c'est avec une grande modestie qu'elles se mettent en position d'auteures. Plusieurs ne donnent même pas leur propre prénom, signant sous la tutelle du nom marital, comme Mme Ernest Chantre, Mme Léon Grandin, Mme Jacolliot, Mme Lenglet-Dufresnois ou Mme Charles de Saint-Amant. D'autres prendront même un pseudonyme, masculin tant qu'à faire : Louis Régis pour une dame inconnue, Charles Auberive pour Mlle de Vare, Jean Pommerol pour Mme Marchand, Pierre Cœur pour Mme de Voisins d'Ambre et Paul Vasili pour Juliette Adam.

Cette circonspection montre combien, en tant que femmes, nos voyageuses se sentent peu légitimées à écrire. Les préfaces et les dédicaces deviennent alors de véritables déclarations d'humilité. Suzanne Voilquin confie : « En réunissant mes pensées sur la Russie, moi, pauvre ignorée, je n'ai point eu la prétention de rechercher la gloire de l'écrivain. » Lucie Félix-Faure Goyau, elle, assimile la rédaction de son livre à une activité innocente et féminine, voire enfantine : « C'est un très modeste herbier. » Pour Pauline de Noirfontaine, « ce sont de petites verroteries de couleurs diverses, réunies par un même fil ». Cornélie Delort, pieuse dame, se défend du péché d'orgueil : « En rendant compte de mes impressions, mon intention n'est pas d'écrire un ouvrage sur un sujet qui a été souvent traité, et par des hommes de génie. Dieu me préservant d'une pareille prétention. » Laure Durand-Fardel, de retour de Chine, demande aussi à être excusée de son amateurisme : « Ce n'est pas une œuvre préparée en vue du public. C'est une série de lettres écrite par une Parisienne d'un esprit tout français qui, pendant un voyage autour de la moitié du globe, adressait à sa famille restée en France ses impressions dans toute leur fraîcheur, dans tout leur naturel, dans toute leur vivacité. »

Raymonde Bonnetain, bien qu'encouragée par un mari féministe, fait des manières : « Des hommes plus que distingués hésitent à parler de soi. Comment une femme s'y résignerait-elle sans un peu – beaucoup – de confusion [2] ? » Anna Bloch minaude : « Je ris quand je songe que l'on me demande de faire un livre de cette poignée d'impressions. [...] Si différent de toutes les belles œuvres savantes, si peu de choses, rien qu'un peu de vie jetée là, palpitante encore des battements de mon cœur. »

Malgré tout elles écrivent et la plupart des aventures vécues à deux ne sont rapportées que par l'épouse, tels les voyages des Goussard de Mayolle en territoire indien, des Lenglet-Dufresnois au Brésil, des Grandin

2. « La femme aux colonies », *op. cit.*, p. 440.

à Chicago, des Toussaint-Samson au Brésil, des Roncayolo au Venezuela, des Beck en Argentine. Chez les Biard, le beau livre de Léonie d'Aunet dépasse de loin, en ampleur et qualité, les articles du mari pour *Le Tour du Monde*, trop empreints de fanfaronnades. Ce cas de double récit de voyage est d'ailleurs unique. Les couples qui trouvent une complémentarité naturelle dans leurs écrits sont ceux où le mari rédige un rapport de mission scientifique, pendant que l'épouse prend en charge le côté « récit » pour un public cultivé sans être spécialiste.

Des voyageuses qui n'ont pas écrit on ne saura rien, bien sûr, sauf si l'époux les mentionne dans son propre récit ou journal, tel François Coillard. C'est ainsi que trois femmes laissent une trace – Marie Vapereau, Mme de Morgan et Mme Bel – pour des expéditions considérables. La première, épouse d'un fonctionnaire colonial en poste en Extrême-Orient, fait plusieurs séjours en Mongolie. En 1892, elle quitte Pékin pour Paris via Vladivostok, l'île de Sakhaline, le fleuve Amour, le lac Baïkal et Saint-Pétersbourg : cent douze jours de voyage. La deuxième, Mme de Morgan, dont le mari a professionnellement supplanté les Dieulafoy, elle-même membre de la Société de géographie, quitte Marseille en août 1889 pour le Caucase, Téhéran, les rives de la Caspienne, Tabriz, le Kurdistan, la Mésopotamie, Suse et Alexandrie – vingt-six mois pour vingt mille kilomètres. Quant à Mme Bel, en 1892 elle est au Siam, où son époux dirige une mission de prospection minière ; affaiblis par les fièvres, ils rentrent en France, mais les voilà repartis en 1896 pour l'Indochine, le Laos et le Binh-Dinh, province de l'Annam. En 1906, ce sera le tour du Congo, où Mme Bel sera correspondante du Muséum d'histoire naturelle.

Il se produit aussi que le mari soit écrivain, comme chez les Bonnetain ou les Jacolliot. Mme Jacolliot est l'épouse d'un auteur foisonnant qui a tant écrit qu'il faudrait un livre entier pour citer tous ses titres ! Romans d'aventures façon Dumas ou Zévaco, récits ésotériques, exotiques ou ethnographiques. On comprend la timidité de sa femme à se lancer : « J'ai tenu mon journal régulièrement chaque soirée ; c'est à cela que je dois de pouvoir offrir au lecteur ces souvenirs écrits sans aucune prétention à la qualité d'écrivain. Je ne voulais pas les publier, mais je me suis imaginé que mon petit livre pourrait s'égarer dans les mêmes bibliothèques à côté des [livres de mon mari], et cette pensée me rend heureuse pour l'époque où nous ne serons plus[3]. »

En 1867, après quelques années à Pondichéry, petite ville provinciale où Mme Jacolliot a le mérite d'avoir appris le tamoul, son mari, président du tribunal, est muté au bord du Gange, à Chandernagor – « ville qui n'est plus qu'une ruine historique, mais une ruine qui émerge d'une forêt de palmiers, de baobabs, de flamboyants aux fleurs rouges, et qui a pour ceinture un des fleuves les plus majestueux qui soient au monde[4] ». L'installation achevée, le couple se prépare à partir en voyage. Entre-temps, un ouragan survient sur le golfe du Bengale, faisant quinze mille morts. L'administrateur français, « en un minimum de temps », donne à chacun de l'argent pour reconstruire son logis et assurer quinze jours de vivres. Elle-même nourrit toutes les familles de ses domestiques. Investie dans la rivalité entre Anglais et Français en Inde, Mme Jacolliot ne laisse pas passer cette occasion de glorifier sa chère patrie, histoire de déprécier l'adversaire.

Avec un couple d'amis, des domestiques et l'équipage – soit vingt-cinq personnes –, les Jacolliot s'embarquent à Calcutta, remontent le Gange, s'engagent sur le Brahmapoutre et dans le delta de ces deux fleuves longs de trois mille kilomètres et qui prennent leur source

3. *Trois mois sur le Gange et le Brahmapoutre*, Paris, Dentu, 1875, p. 29.
4. *Ibid.*, p. 3

dans l'Himalaya. Le Gange, « cimetière brahmanique », charrie les cadavres des pauvres dont les familles n'ont pas les moyens de se procurer le bois de la crémation. On brûle un peu les corps, symboliquement en quelque sorte, puis on les confie à l'eau où, vite pris dans les herbes, ils sont dévorés par les chacals, les hyènes, les crocodiles ou les vautours. Le spectacle de la mort accompagne tout le voyage car les bûchers s'étirent le long du Gange, animant la nuit de leurs feux. Mme Jacolliot, si elle y voit une impressionnante morbidité, y voit aussi l'expression d'une grande culture et trouve les mots pour en parler avec respect.

Quant à la femme indienne, elle est à ses yeux « dans un état continuel de dépendance et de soumission, et en aucune circonstance de la vie elle ne peut devenir maîtresse de sa personne[5] ». Elle ne sait ni lire ni écrire mais dispose d'une influence certaine dans le foyer, si bien que tout serait parfait pour Mme Jacolliot si on lui accordait un peu d'éducation. Car, estime-t-elle, l'Hindoue est vraiment mère, et être mère, voilà la véritable émancipation de la femme : « Tout ce qui tend à [l']éloigner de son mari, de ses devoirs naturels du foyer, où elle trône, pour la pousser dans la lutte de la vie sur la place publique ou ailleurs est mauvais et de tout point contraire au rôle qu'elle doit jouer par la nature de son intelligence et sa conformation physiologique dans l'ensemble humanitaire[6]. »

En chemin, après avoir assisté avec beaucoup d'intérêt à la mise à mort, arrangée, d'un rhinocéros par un éléphant puis dégusté la chair grillée du perdant, Mme Jacolliot reculera devant le spectacle suivant, celui de la crémation à vif d'une veuve de dix-sept ans sur le bûcher de son défunt mari. Dans l'Inde du Sud, sous l'influence française, ce rituel barbare n'a plus lieu,

5. *Ibid.*, p. 92.
6. *Ibid.*, p. 101.

explique-t-elle, mais dans la province du Bengale plusieurs centaines de jeunes femmes sont sacrifiées chaque année. Dans une disposition qu'elle juge contre-productive, les Anglais ont interdit cet usage sur la base juridique que l'immolation est imposée à l'épouse. Il suffit donc pour contourner la loi de faire passer la veuve devant un magistrat qui enregistre son intention de mourir sur le bûcher et le tour est joué. L'Indienne qui doit être suppliciée ce jour-là arrive, sûre et fière, endoctrinée, félicitée, fêtée, honorée de toutes parts, puis, la crémation se précisant, elle voit la mort en face, panique, et c'est alors que Mme Jacolliot s'enfuit.

Tout son récit est étrange. Il conte une excursion plaisante de gens cultivés et favorisés naviguant sur un fleuve funèbre, immense et magnifique. Les cadavres frôlent l'embarcation, la fureur des tigres gronde dans la nuit, les bûchers consument des morts, mais aussi des vivantes, d'énormes animaux s'entretuent, et le bateau continue de glisser sur les eaux pendant que les passagers s'enchantent de leurs conversations et admirent le spectacle du soir qui tombe.

XVI

Les coquettes

> Seule toujours, songeant le matin, rêvant le soir, je traverserai l'île des fleurs et des parfums dans mon char de reine fainéante traîné par deux grands bœufs blancs.
>
> Anna BLOCH.

Il y a celles qui regardent le monde et celles qui se regardent dans le monde, offrant le spectacle de leur gracieuse personne à ceux qui ont le privilège de les rencontrer. Anna Bloch et Anne Caroline Joséphine Husson de Voisins d'Ambre, entre autres, sont de celles-là. Voyageuses narcissiques, elles sont tout autant, pour le plaisir du lecteur, voyageuses enthousiastes.

La première coquetterie de celle qui signe A.B., Anna Bloch, est son voile de mystère. Vers 1890, elle entreprend un voyage considérable qui, curieusement, ne lui vaut pas de mention dans le *Dictionnaire illustré des explorateurs et grands voyageurs français du XIXe siècle*. Elle se dit seule et semble l'être, mais comment savoir avec cette façon qu'elles ont toutes d'occulter le compagnon ! En tout cas, seule ou non, Anna Bloch a avec elle-même une compagnie de premier choix : c'est le genre de femme qui, regardant les vagues, « voit la mer se rouler à ses pieds ». En Inde, elle engage un domestique qui répond au nom de Cupidon, et tout au long de son récit elle jouera sur le contraste de leur assemblage : lui, pauvre garçon sans chaussures qui a peur de tout ; elle, toute beauté et courage. Son style est d'un lyrisme qui tranche avec celui de tous les autres récits de voyageuses :

« Quand la porte de la prison s'ouvre et qu'un coup de mistral de la destinée emporte la femme jusqu'alors plus ou moins esclave, elle s'arrête hésitante et troublée. Elle écoute son cœur qui n'avait su qu'aimer et, ravie, elle y trouve des forces qu'elle ne soupçonnait pas, elle voit de son cerveau la volonté surgir, belle et fière comme Minerve, elle essaie ses ailes jusqu'alors repliées et se sent emportée très haut d'un vol sûr vers des horizons superbes. Alors, elle respire pour la première fois, le monde est à elle ! Même le monde de ses pensées lui appartient. Et la jeune reine parcourt son royaume et s'enivre de sa royauté [1]. »

L'itinéraire d'Anna Bloch est celui des très grands voyages, moitié tourisme, moitié aventure : Ceylan, Pondichéry, Calcutta, Chandernagor, l'Himalaya, Bénarès, l'Afghanistan, Delhi, Agra, Jaipur « dans sa buée rose », Bombay, Madurai et de nouveau Ceylan. Le récit qu'elle en livre est l'occasion d'une mise en spectacle de sa personne dans des décors exotiques, sublimes ou charmants, au milieu de personnages importants ou pittoresques, quand tout autour n'est qu'aventure. Ainsi, au cours d'un dîner donné par une personnalité de Kandy, ville de l'intérieur du Sri Lanka, quelqu'un mentionne une procession bouddhique au-dehors : « Je bondis sans réfléchir hors de la salle à manger en robe blanche à traîne, des fleurs dans les cheveux, je me sauve en courant par la plaine. Naturellement les autres me suivent, il suffit d'un audacieux pour enlever les masses [2]. »

La beauté de Ceylan la séduit comme elle séduit toutes les autres voyageuses, mais Anna Bloch fait une

1. *Au loin. Impressions hindoues*, Paris, Lemerre, 1898, p. 6.
2. *Ibid.*, p. 66.

véritable visite de l'île qui lui prend plus d'un mois. « Malgré les objections des Anglais et des Tamouls », elle s'entête même à visiter le site quasiment inaccessible d'Anuradhapura, ancienne capitale fondée au ve siècle avant J.-C. et ville sacrée pour les bouddhistes. L'accueilleront là-bas un fonctionnaire britannique oublié du monde, un village miséreux et des ruines disparues sous la végétation. Terrassée par une crise de malaria, elle devra affronter une réalité passablement dure, bien éloignée de ce que lui faisait attendre son imaginaire parnassien : « Je n'emmène que moi [...] seule, j'irai seule dans ce pays de terreur où ce qui vit est plus effroyable que ce qui repose dans la mort ; seule, je m'enfoncerai dans les forêts où l'on étouffe, parmi les colonnes de granit et les lianes gigantesques loin de tout être humain ; seule, je revivrai l'épopée barbare des héros cinghalais et des anciens Veddhas [3]. »

Après Pondichéry, « ville mignonne et soignée », Anna Bloch se rend à Calcutta. Là, dans cette relation très émotionnelle qu'elle entretient avec le monde, elle ressent une lourde angoisse face aux crémations, aux visages sauvages, aux fakirs nus couverts de cendres, à la représentation de la déesse Kali, « statue de meurtre qui me regarde de ses yeux fous ». Moins préparée et moins préservée que Mme Jacolliot avec son assurance de résidente, elle éprouve un choc. Et pas seulement face à la misère : le soir, quand la haute société sort exhiber ses équipages et ses atours, elle ne voit qu'un monstrueux « défilé d'opéra bouffe ».

Chandernagor ne peut pas effacer ses sinistres impressions : « L'effroi de la mort règne par ici [4]. » Un « cimetière » où l'on marche sur des ossements lui donne quand même l'occasion d'apprivoiser la morbidité ambiante à la manière de ses compatriotes

3. *Ibid.*, p. 71 et 80.
4. *Ibid.*, p. 140.

collecteurs : « J'ai regardé ces crânes hindous, longuement ; il en est deux que je n'ai pu laisser, que j'ai emportés, tant ils gardaient dans ce qui fut l'enveloppe matérielle de leur pensée le reflet de la forme d'une expression vivante[5]. »

Ayant troqué sa « robe de gaze » contre un enveloppement de fourrures, elle laisse Darjeeling pour les hauteurs magnifiques de l'Himalaya. Une autre crise de malaria l'oblige à rentrer à Calcutta. De Bénarès elle tire la beauté, comme dans les tableaux de son époque, vers le sublime antique et flamboyant. Puis elle arrive à Lahore pour un séjour chez un maharadjah où elle se sent plus reine que jamais : luxe fabuleux, chasse au tigre, spectacles grandioses.

La suite du voyage qui conduit Anna Bloch en Afghanistan lui réserve beaucoup de souffrances. Elle avance sur des chemins difficiles, il fait très froid, et seule la soutient l'admiration qu'elle est persuadée d'inspirer aux soldats britanniques et à la tribu des Afridis. Dans ces montagnes parcourues d'innombrables caravanes, on avance lentement et dangereusement, le col entre l'Afghanistan et le Pakistan n'ayant parfois que quelques mètres de large. Les nuits sous la tente sont glaciales. Au-dehors rôdent les hyènes et les chacals, et au-dedans les rats.

Repartant vers l'Inde, Anna Bloch voit Delhi comme un « paradis de richesse douce », mais c'est à Agra que son émotion culmine : « Depuis que j'ai vu le Taj tout s'est effacé pour moi comme s'évanouissent les plus grandes admirations devant une émotion : j'ai tout oublié, je ne vois plus que lui. Je ne sais si plus tard, un jour, j'en parlerai, mais en ce moment je suis trop près de lui pour ne pas sentir chaque fois que je le contemple

5. *Ibid.*, p. 142.

qu'il faut être silencieux devant le mystère de sa sérénité[6]. »

Anne de Voisins d'Ambre est en 1845 une jeune femme de dix-huit ans vive, curieuse, pleine de confiance en elle, avec un penchant pour les chevaux racés, les cigarettes et le café corsé. Mariée à un administrateur en poste à El-Kala, sur la côte algérienne, à la frontière de la Tunisie, elle ne fait que retrouver le pays où elle est née. « Je parle la langue comme un sectateur de Mohammed, j'ai vécu parmi les indigènes ; si je connais mal leurs mœurs c'est qu'ils prennent un soin jaloux de les dissimuler aux "chiens infidèles" tels que moi[7]. »

Tout dédié qu'il est « à la mémoire vénérée de ses chers et illustres maîtres, George Sand, Gustave Flaubert et Émile de Girardin », son récit est d'un intérêt littéraire moyen. Conçu comme un guide instructif sur cette partie de l'Algérie et sur les sites archéologiques et religieux de Tunisie, il abonde en informations historiques et en descriptions. La partie romanesque de l'ouvrage, plus libre, sert à mettre en scène ses audaces et ses aventures personnelles. À l'insu de son mari, à qui elle donne le titre de « kébir » (grand homme), elle monte des expéditions déjà osées pour une femme dans la société européenne mais carrément aventureuses dans la société arabe. Ainsi, déguisée en cavalier musulman sur sa magnifique monture, car elle possède l'un des plus beaux chevaux du pays, elle se rend avec une petite escorte à une grande fête musulmane, l'ouadda, et s'enfonce dans la montagne à la rencontre d'un rebelle kroumir recherché par les militaires français. Un jour, son domestique l'ayant traîtreusement vendue, elle échappe de peu à un enlèvement.

6. *Ibid.*, p. 268.

7. *Excursions d'une Française dans la régence de Tunis*, Paris, Dreyfous, 1884, p. VIII.

Elle s'aime bien dans des rôles cinématographiques avant l'heure. Par exemple, au milieu de cavaliers maures : « L'eau est haute et bruit, fendue par le poids des chevaux. Je relève la traîne de ma longue jupe pour entrer à mon tour dans le lit de la rivière, flanquée à droite et à gauche d'un des goumiers du caïd qui se sont immédiatement placés auprès de moi, sans mot dire, pour veiller à ma sûreté [8]. » De même que les costumes et les décors, les dialogues sont bons. Ainsi, quand elle arrive au grand rassemblement de l'ouadda, la première chose qu'elle voit depuis une hauteur est une véritable armée avec des canons. Les conflits entre ethnies menacent :

« "Ils sont au moins trois mille armés jusqu'aux dents, me dit Kemoun, c'est effrayant ! Si vous voulez, nous pouvons filer.

– Filer ? Suis-je venue pour cela [9] ?" »

Et, une nuit où gronde un lion près de leur campement :

« "Avez-vous peur ? demanda Kemoun à mi-voix et avec un accent narquois.

– Peut-être moins que vous [10] !" »

Alors qu'elles pourraient se présenter alanguies et fragiles, ce qui est agréable avec Anne de Voisins d'Ambre comme avec Anna Bloch, c'est qu'elles mettent la représentation esthétique de leur personne au service d'une image de femme libre et courageuse : « Suivant, à cheval, la ligne des crêtes qui enserrent la plage, écrit la première, je vis, immédiatement au-dessous de moi, une énorme panthère, les pattes étendues en avant, la tête reposant sur celles-ci à la manière des chats. Superbe dans sa nonchalance et à moitié endormie, elle ne faisait pas attention à moi ; mais si elle levait les yeux, en deux bonds elle m'atteindrait. [...] Je rendis la bride à mon

8. *Ibid.*, p. 58.
9. *Ibid.*, p. 63.
10. *Ibid.*, p. 57.

cheval plus effrayé que moi, et nous partîmes d'une course folle à travers les halliers [11]. »

Anna de Voisins d'Ambre aime l'Afrique du Nord et la vie qu'elle y mène, mais, ni cruelle ni méprisante, elle gère quand même ses relations selon sa conviction que « quiconque se fie à un Arabe risque sa tête [12] ». Au nom de la coopération culturelle – façon coloniale –, elle ne quittera pas la Tunisie sans procéder à « l'enlèvement de trois colonnes de marbre, l'envoi au musée du Louvre d'un chapiteau assez remarquable et d'une fort belle tête de statue en marbre blanc [13] ». Mais le dépit est là : « Nous avions découvert dans les environs de Sousse une statue d'impératrice romaine, du bon temps de l'art antique ; malgré l'interdiction nous étions parvenus à nous en emparer moyennant une somme relativement modique, [...] mais les Anglais, plus heureux et plus influents, qui s'acharnaient à nous dépister, nous ravirent notre statue sans qu'il nous fût possible de protester [14]. »

La poétesse Louise Colet, aimée un temps, détestée un autre, par Musset, Vigny ou Flaubert, jolie, agressive et narcissique elle aussi, a consacré un ouvrage à un voyage au Caire et en Haute-Égypte effectué en novembre 1869, lorsqu'elle avait été conviée à l'inauguration du canal de Suez [15]. Son récit au strict déroulement chronologique est animé de ses humeurs changeantes. Elle balance d'un émerveillement en partie convenu, étant donné la mode de l'orientalisme dans son milieu, à l'agacement d'une invitée délaissée qui ne fait qu'entrevoir la somptuosité des cérémonies. À elle les mauvais hôtels, les mauvaises cabines, la saleté et l'inconfort, un drogman odieux alors que la qualité des voyages dépend beaucoup de ces guides. Ce ne sont

11. *Ibid.*, p. 30.
12. *Ibid.*, p. VIII.
13. *Ibid.*, p. 270.
14. *Ibid.*
15. *Les Pays lumineux. Voyage en Orient*, Paris, Dentu, 1879.

pas quelques baisemains ici et là, quelques sièges tendus, quelques bras offerts, quelques égards rendus, même si aucun n'est épargné au lecteur, qui vont compenser le sentiment de déconvenue qui marque un récit où les splendeurs de l'Égypte sont sacrifiées à l'énergie mise à sauver la face.

À la voyageuse négligée s'oppose la voyageuse idolâtrée : Sarah Bernhardt[16]. Des tournées qui lui rapportent des fortunes lui font traverser les États-Unis en 1880, 1900, 1905 et 1917, l'Amérique latine en 1893 et 1905, l'Australie en 1892. Excentrique, avide de gloire, elle est accueillie dans les villes par des assauts d'admirateurs, dans les ports par des flottilles entières, dans les gares de patelins en pleine nuit par des attroupements autour de ces wagons où elle voyage en majesté dans des cabines tendues de brocart à ses initiales. Qu'elle passe où ont passé les autres voyageuses – le pont de Brooklyn, les chutes du Niagara, La Nouvelle-Orléans –, et rien n'est pareil pour la star. Ici elle pose devant une baleine exhibée encore vivante, des harpons dans les flancs, là elle visite un abattoir de porcs. Elle se rend chez un Edison qui n'en peut mais ; elle exige, argent à l'appui, que son train s'engage sur un pont gravement menacé par les inondations, jouant la vie de centaines de personnes puisqu'il s'effondre juste après. Un fait divers aux États-Unis lui donne l'occasion de dénoncer la peine de mort – en connaisseuse puisque, nous apprend-elle, elle a déjà assisté à quatre exécutions !

Grisée de sa propre extravagance, Sarah Bernhardt met en scène un personnage plus en couleurs criardes qu'en nuances. Devant des publics largement ignorants du répertoire français, ses représentations triomphales de *Phèdre*, d'*Hernani* et de *La Dame aux camélias* prouvent combien l'effet people ne date pas d'aujourd'hui.

---

16. *Ma double vie*, Paris, Fasquelle, 1907.

XVII

Le froid

> Rien, rien que de la neige ! La neige tombée,
> la neige qui tombe, la neige à tomber !
>
> Lise CRISTIANI.

La destination n'étant guère fréquentée, les pays du grand froid n'ont eu que deux visiteuses françaises, Lise Cristiani et Léonie d'Aunet, si l'on excepte l'exode vécu par Louise Fusil dans la neige et la glace par moins trente degrés, mais sous des latitudes moins extrêmes.

Lise Cristiani n'a que vingt-cinq ans lorsqu'elle meurt en 1853 à Novotcherkask, près de Rostov-sur-le-Don, non loin de la mer d'Azov. La Sibérie orientale, un violoncelle et une jeune femme à qui Mendelssohn a dédié une de ses *Romances sans paroles*, l'opus 109, tels sont les indices de cette histoire-là. Le périple de Lise Cristiani est impressionnant :

« J'ai parcouru plus de dix-huit mille verstes de route [soit vingt mille kilomètres]. J'ai visité quinze villes de la Sibérie. [...] J'ai traversé plus de quatre cents cours d'eau, petits, moyens et grands, dont les plus considérables sont l'Oural, le Ienisseï, la Lena, l'Aldan, l'Amour à son embouchure. [...] J'ai reçu l'hospitalité parmi les Kalmouks, les Kirghiz, les Cosaques, les Ostiaks, les Bouriates, les Kamtchadales, les sauvages du Shagalien, etc. “Pierre qui roule n’amasse pas mousse”, dit un vieux proverbe ; j’ai vérifié par moi-même l’exactitude de ce dicton. J’ai la mort dans l’âme, je suis heureuse comme un galet en pleine tempête, mes douleurs croissent, mes forces diminuent [1]. »

Musicienne française ayant eu l’honneur d’être nommée premier violoncelle du roi du Danemark, Lise Cristiani est invitée à la cour de Saint-Pétersbourg où elle arrive pour apprendre qu’une période de deuil interdit tout concert. On lui parle de la Sibérie et, nécessité ou esprit d’aventure, elle s’embarque avec son vieux pianiste, sa femme de chambre russe et son stradivarius « aux chauds reflets d’un vernis rouge prune [2] », recensé aujourd’hui comme le Cristiani.

Au début, elle est toute « au plaisir de ce voyage qui va compléter l’originalité de [sa] vie d’artiste [3] ». Il est vrai qu’elle fait une magnifique découverte avec les régions asiatiques de la Sibérie. Comme elle s’est jointe à l’équipage d’un général, leur passage donne lieu à réceptions, honneurs et spectacles dans des lieux où tout est raffinement. Elle assiste à une cérémonie où des lamas jouent de leurs longues trompes sacrées. Toute musicienne qu’elle est, elle trouve le son exécrable. Au bord de l’océan Pacifique, on voit par ses yeux le Kamtchatka comme un pays de cocagne avec des mets délicieux, des vins excellents, des tissus remarquables, de belles maisons. Mais avec la neige arrivent de terribles épreuves tout au long des centaines de kilomètres de taïga glaciale et inhospitalière que Lise doit parcourir près du cercle polaire. Moins quarante-trois degrés, telle est par exemple la température moyenne dans la ville d’Iakoutsk où elle passe.

1. « Voyage dans la Sibérie orientale », *Le Tour du Monde*, 1863, I, p. 385-400.

2. William Henley, *Antonio Stradivari, Master Luthier, Cremone, Italy, 1644-1737. His Life and Instruments*, Brighton, Woodcock, 1962.

3. « Voyage dans la Sibérie orientale », *op. cit.*, p. 392.

Le récit a été établi à partir de sa correspondance. Pour sa famille, certaines lettres devaient être douces à lire et faire lire : « Et nous voyons le monstre tranquillement installé sous notre quille. Chacun, subjugué par un commun sentiment de prudence, se met à parler bas, de peur d'effaroucher l'impressionnable animal qui nous portait. Enfin, après avoir repris son souffle, la baleine s'enfonça dans l'abîme, laissant après elle un large tourbillon. Nous ne la revîmes qu'au jour, montrant son dos au soleil, à un mille de nous. Comme, dans la soirée précédente, Stradivarius avait jeté au vent et à la vague ses plus touchantes mélodies, on supposa que le cétacé avait été attiré par ces sons inaccoutumés [4]. » Mais les dernières lettres devaient serrer le cœur des proches : « Cet éternel linceul de neige qui m'environne finit par me donner le frisson au cœur. [...] Mon âme a fini par se laisser envelopper dans ce drap de mort, et il me semble qu'elle repose glacée devant mon corps qui la regarde sans avoir la force de la réchauffer [5]. » Le choléra l'emporte peu de temps après, alors qu'elle est sous des cieux plus cléments, en Géorgie.

Léonie d'Aunet, autre très belle et très audacieuse jeune femme de vingt ans, saisit au vol l'occasion de son voyage. En 1839, une expédition scientifique qui doit explorer le Spitzberg, île glacée de l'océan Arctique, voudrait s'attacher les services de son compagnon, le peintre François-Auguste Biard. On lui demande de le convaincre, elle y met pour condition de l'accompagner. Comme une dame ne s'embarque pas ainsi sur un vaisseau de la Marine royale, il est entendu que le couple rejoindra la *Recherche* à Hammerfest, le dernier port au nord de la Norvège. Des qualités littéraires certaines, un regard cultivé et intelligent, une personnalité fine ne

4. *Ibid.*, p. 395.
5. *Ibid.*, p. 400.

manquant pas d'esprit, des aventures vécues avec caractère et racontées avec talent font la grâce de son récit. Le périple commence et se termine dans l'Europe du Nord, propre, sûre, avec ses belles villes, Amsterdam, Oslo, Berlin. Léonie d'Aunet visite musées, monuments, mines – bref, tout ce qui est à voir.

Les choses deviennent plus difficiles à mesure qu'elle gagne les dernières terres de Norvège, mais c'est le retour par la Laponie qui sera terrible. Son ennemie : l'eau. La pluie incessante et les rapides, jusqu'à quarante par jour, qu'elle descend, couchée au fond d'un kayak mené par un habile Lapon, trempée, gelée, dans le fracas et la peur. Quand il faut avancer par les terres, la boue lui réserve un calvaire : « Gênée par mes lourdes bottes, embarrassée dans mes vêtements chargés d'eau, je pouvais à peine faire un pas sans tomber, et je fis plus de chemin sur mes genoux que sur mes pieds. Enfin, après trois heures d'efforts inouïs, nous gagnâmes le plateau supérieur. J'étais à demi morte, et à la vue du terrain plat, sans écouter aucune observation, je me couchai dans mon manteau sur la terre et, malgré la pluie froide, m'endormis de ce sommeil de plomb que procure l'épuisement[6]. » Elle se réveillera défigurée par les piqûres de moustique.

Le Spitzberg ? Sinistre. Quand le bateau quittera ces terres blanchâtres sans vie et presque sans lumière, elle n'en ressentira aucune nostalgie. La mort est là, avec les ossements des marins que les années ou les ours ont éparpillés, les cercueils n'ayant pu être enfouis dans la terre gelée. Elle rôde aussi autour du bateau, que les glaces risquent d'emprisonner de façon si foudroyante que les baleiniers d'antan n'ont pas toujours pu repartir. Mais le sublime est là aussi : « L'aurore boréale dura trois heures. Je restai tout ce temps immobile, avec cette impression indicible que j'avais déjà éprouvée face aux

6. *Voyage d'une femme au Spitzberg*, *op. cit.*, p. 210.

glaces flottantes. L'aurore boréale et les glaces polaires sont des choses dont la contemplation fait monter l'admiration jusqu'à la stupeur : le spectateur se tait, le narrateur est tenté de jeter la plume. Qui saurait décrire le degré d'infinie magnificence où peut atteindre la nature de Dieu[7] ? »

Au retour, couronnée de la gloire de son voyage, Léonie devient Mme Biard, épousant enfin François-Auguste même si elle paraissait déjà dans le monde sous son nom. Ils ont un enfant et, alors qu'elle attend le second, elle s'engage dans une liaison passionnée avec Victor Hugo. Ce destin exceptionnel lui vaudra d'être reconnue comme l'inspiratrice des plus beaux poèmes d'amour qu'il ait écrits. « Tu es faite de la même substance que moi-même, lui dit-il dans une lettre du 30 juin 1851. Nous appartenons au même monde d'idées et de sentiments. [...] Après tout et par-dessus tout, je suis l'homme dont tu es la femme. »

Ce destin lui vaudra aussi de connaître l'enfermement et la privation de ses enfants pour un flagrant délit d'adultère – le mari, accompagné de la police et d'un huissier, ayant fait surprendre les amants « en conversation amoureuse », selon les termes de la presse ravie de diffuser l'information. Alors qu'elle était juridiquement séparée de Biard, le divorce étant impossible à l'époque, la jeune femme restait sous l'obligation de fidélité. Sept ans après leur rencontre, Victor Hugo est contraint à l'exil par le coup d'État du 2 décembre 1851. Ils ne se reverront plus, mais leur correspondance durera encore des années.

Léonie d'Aunet publie son *Voyage d'une femme au Spitzberg* en 1854[8]. Il est réédité dix fois de son vivant. Courageusement, elle ne cessera de chercher du travail dans une société où une femme seule se retrouve

7. *Ibid.*, p. 259.
8. Paris, Hachette.

exposée à l'insécurité, et gagnera sa vie comme journaliste, romancière, responsable d'une publication de mode. Alors que le nom de Mme Biard reste lié à ce flagrant délit d'adultère, terrible traumatisme de sa vie, le géographe Richard Cortambert, contemporain de cette histoire, a des mots délicats : « Si les événements l'avaient permis, je suis convaincu que cette femme véritablement courageuse aurait accompli d'autres explorations. Il y avait en elle [...] les éléments d'une voyageuse très distinguée. Elle a été obligée de s'arrêter au début. Demeurée jeune dans une situation des plus pénibles, elle s'est éloignée du monde, où son nom avait acquis un moment une très grande notoriété [9]. »

9. *Les Illustres Voyageuses*, Paris, Maillet, 1866, p. 224.

XVIII

La clandestine

> Un gros émoi avait cependant été soulevé au ministère de la Marine lorsqu'on apprit que Freycinet avait fait embarquer clandestinement à bord de l'*Uranie* sa femme déguisée en matelot.
>
> Jules ROUCH.

On ignore souvent l'âge de ces voyageuses françaises du XIXe siècle, mais quand on le connaît, on est frappé par la jeunesse de certaines. Au moment du départ ont environ vingt ans, parfois moins, Raymonde Bonnetain, Lucie Félix-Faure, Mme Lenglet-Dufresnois, Anne de Voisins d'Ambre, Adèle Hommaire de Hell, Lise Cristiani ou Léonie d'Aunet. Rose de Freycinet, qui entreprend le plus long voyage, le tour du monde, a vingt-trois ans. De 1817 à 1820, la campagne de l'*Uranie* la mène de Toulon à Gibraltar, aux Canaries, à Rio de Janeiro puis au Cap, à l'île Maurice, à l'île de Bourbon, c'est-à-dire à la Réunion, à Timor, aux Moluques, aux îles Sandwich, à Sydney, au cap Horn, aux Malouines, à Buenos Aires et de nouveau à Rio de Janeiro.

Le voyage, c'est d'abord pour elle la vie mondaine dans sa version exotique, et elle tient avec un bonheur évident la chronique largement fournie des dîners et réceptions chez les Français d'outre-mer ou leurs obligés. Ainsi à l'île Maurice : « Le troisième jour, nous fûmes invités par un avocat à un très grand dîner. C'est un homme qui s'est enrichi depuis peu de temps et qui n'est pas d'une très bonne famille. Il a le ridicule de vouloir toujours inviter beaucoup de monde quoique sa maison soit petite. De plus, il croit de bon ton de surcharger la table de mets. Il nous donna un dîner en trois services dont chacun était suffisant pour vingt personnes. La table était tellement chargée de plats qu'aucun des convives ne savait où mettre son verre [1]. » Ces lignes sont très représentatives des commentaires des voyageuses nanties qui assuraient sans peine la continuité entre leur vie mondaine et l'aventure grâce aux représentations diplomatiques.

Rose de Freycinet est une femme tranquille qui croit en sa société et prend les choses comme elles sont : « Celui-ci présenta à Louis deux jeunes esclaves de l'intérieur de Timor et à moi deux petites filles du même pays ; il voulait que nous les emmenions, mais nous le priâmes de nous permettre de les refuser. Il voulait qu'au moins nous en prissions un de chaque sexe ; qu'aurais-je fait d'une petite fille de six ans sur le vaisseau ! Après avoir expliqué cela au gouverneur en le remerciant beaucoup pour ne pas le désobliger tout à fait, nous avons gardé un des petits garçons de sept ou huit ans, que j'ai le projet de laisser au premier endroit où je pourrai croire qu'il sera traité humainement [2]. »

Une monstrueuse tempête suivie d'un naufrage nous vaut un gentil chromo du peintre Jacques Arago, le frère du savant : « Pendant la durée de ce drame si terrible, [Rose de Freycinet] priait mais sans faiblesse, elle pleurait mais sans lâcheté. [...] On la voyait de temps à autre aller à sa petite croisée, chercher à saisir une espérance

1. *Campagne de l'Uranie (1817-1820)...*, *op. cit.*, p. 29.
2. *Ibid.*, p. 63.

sur les traits des matelots qui passaient et repassaient. Hélas ! Que de fois épouvantée d'un de ces jurons frénétiques dont le matelot se sert si poétiquement pour peindre sa colère et ses joies, elle retirait brusquement sa jolie tête et poussait au ciel une naïve et suave exclamation de terreur [3]. »

Avec son rang bien assuré de Française, noble, épouse du commandant, à la distance où la tient le bâtiment royal Rose de Freycinet ne boude pas son plaisir devant les scènes exotiques d'Océanie : « Aux Carolines, il n'y a que des sauvages, mais qu'ils sont aimables ! Dès que notre corvette put être aperçue, un grand nombre de pirogues, grandes et petites, très remarquables par la manière dont elles sont faites et leur élégance, vinrent autour du vaisseau et des échanges commencèrent, qui nous fournirent du poisson frais, des cocos, des pagnes. Les Carolins ne tardèrent pas à monter à bord : ils sont en général de figure gracieuse. Presque tous nus à la réserve du langouti ou ceinture. [...] Leur teint est cuivré clair et leur physionomie ouverte, vive et spirituelle. Leur gaîté est surtout remarquable, la moindre chose les fait rire aux éclats ; sur la plus légère provocation, ils se mettent à danser [4]. »

À trente-huit ans, Rose de Freycinet mourra chez elle à Paris lors de la grande épidémie de choléra de 1832. Le journal tenu pour les proches et complété par les lettres à sa mère et à sa meilleure amie ne sera publié qu'en 1927. Trop tard pour les anthologies qui assuraient la publicité des récits féminins : *Les Illustres Voyageuses* de Richard Cortambert (1866), *Les Voyageuses au XIXe siècle* d'Amélie Chevalier (1885) ou *Les Grandes Voyageuses* de Marie Dronsart (1898). Dans ces trois ouvrages, Adèle Hommaire de Hell, Léonie d'Aunet, Catherine de Bourboulon, Marie Ujfalvy-Bourdon,

3. *Ibid.*, p. 125, note 1.
4. *Ibid.*, p. 76-77.

Mme B. Chantre et Jane Dieulafoy sont seules à être distinguées parmi un grand nombre de voyageuses étrangères.

Bonne épouse, jeune, audacieuse et sympathique, avec une vision du monde qui satisfait totalement et exclusivement le goût du pittoresque, Rose de Freycinet avait en effet toutes les vertus requises pour ces ouvrages au style hagiographique qui donnent la préférence aux voyages heureux comme aux visions de paradis et où les évocations pénibles doivent être excusées : « Elle fut témoin, écrit Marie Dronsart à propos d'une voyageuse anglaise, des persécutions subies par les Nestoriens. Cette partie nécessairement un peu grave du récit [...] ne nuit en aucune façon au charme captivant de l'ouvrage [5]. »

Il arrive quand même à Richard Cortambert de ne pas faire comme si ces récits étaient dénués de toute expression idéologique et de réagir à des convictions qu'il ne partage pas. Mlle Bremer, philanthrope finlandaise, ayant affirmé que l'évangélisation des esclaves libérerait un jour l'Afrique quand, de retour sur leur continent, les Noirs américains apporteraient la bonne parole, il réplique : « Ceux qui régénéreront l'Afrique ne sortiront pas des marchés d'esclaves du Nouveau Monde, ils n'auront pas entendu le fouet du maître, ils seront nés libres, ils auront vécu sous un ciel libre. Pour prendre l'initiative de l'affranchissement d'un peuple, il faut avoir soi-même compris, dans l'indépendance, ce qu'il y a de grand et de beau dans la liberté [6]. »

---

5. *Les Grandes Voyageuses*, Paris, Hachette, 1898, p. 220.
6. *Les Illustres Voyageuses*, *op. cit.*, p. 140-141.

XIX

Militantes de la cause féminine

> Ma vie a deux parties bien distinctes : l'une terne et douloureuse, c'est celle qui s'est passée en France ; l'autre ensoleillée, gaie, c'est celle que j'ai passée à voyager.
>
> Olympe AUDOUARD.

Olympe Audouard la rouspéteuse et Flora Tristan l'intransigeante, ces deux grandes figures de l'histoire du droit des femmes ont aussi traversé les océans et raconté leurs périples. Ce qu'elles ont en partage, ce sont des attitudes de voyage peu conformes à leur féminisme, et ce qui les distingue, c'est qu'Olympe Audouard se rend d'un continent à l'autre comme reporter militante alors que Flora Tristan n'effectue qu'un seul grand déplacement motivé par la défense de ses intérêts personnels.

Flora Tristan est la première à partir. En avril 1833, elle s'embarque pour le Pérou. Épisode qui n'a rien à voir avec le tourisme car elle n'est pas dans le voyage, même si elle a présenté ses livres sous cet éclairage, *Pérégrinations d'une paria*, *Promenades dans Londres*, *Tour de France*. Son voyage à elle est dans l'histoire de la souffrance féminine : la sienne, celle de sa mère, celle de sa fille, mais aussi celles de toutes les ouvrières dont les conditions de vie et de travail sont alors effroyables.

La mère de Flora se faisait appeler Mme Tristan. « Mariée » à un général de l'aristocratie péruvienne, cette femme qui vivait richement se retrouve sans rien à la mort subite de celui-ci. Il n'y avait eu ni mariage officiel ni dispositions testamentaires pour la protéger ainsi que ses deux enfants, si bien que l'année de ses quatre ans Flora tombe dans une misère et un déclassement social dont elle souffrira toujours et dont son frère mourra à l'âge de dix ans. Sous la pression de sa mère, elle se retrouve mariée à dix-sept ans au lithographe André Chazal. Bien qu'enfin à l'abri du besoin, elle vit dans un abattement profond. Son premier enfant, qui la laisse indifférente, mourra à l'âge de huit ans. Elle abandonne son second fils, Ernest, à la charge de sa mère. Quant au mari, vite méprisé, il démultiplie l'échec : il boit, la bat et ne gagne plus rien. L'heure des huissiers sonne comme Flora commence une autre grossesse. Elle s'enfuit alors chez sa mère où naît la petite Aline, qui lui inspire tout de suite une grande tendresse et un grand désir de protection.

Le départ pour le Pérou se situe dans ce contexte. Hantée par son statut d'enfant naturelle, Flora Tristan vit dans la certitude d'avoir été dépouillée de son héritage, donc de sa légitimité, par le frère de son père, installé à Arequipa. Se voir reconnue de cette grande famille péruvienne serait aussi réparer le déclassement dû à sa condition de femme « séparée » sans droits ni identité faute de divorce. Sans compter qu'elle a besoin de fuir Chazal, qui veut la tuer et dont la société est incapable de la protéger. Elle part donc, laissant ses deux enfants derrière elle : le fils auprès du père alcoolique qui l'a enlevé et le garde de force ; la fille dans une pension dont Flora connaît à peine la directrice.

Il semble qu'au début la séparation d'avec Aline tourmente la voyageuse, mais l'échec de sa mission, très vite scellé, ne l'empêche pas de s'attarder encore six mois chez l'oncle et deux mois à Lima, grisée qu'elle est par l'accueil que lui réserve la bonne société. Partie en avril 1833, compte tenu du temps de navigation elle ne revient qu'en janvier 1835. L'oncle lui assure quand même, quoiqu'elle la tienne pour négligeable, une pension qui la met définitivement à l'abri du besoin.

Au retour, la vie privée de Flora Tristan ne s'arrange pas. Chazal, danger constant pour elle et les enfants, réussit à lui tirer une balle dans le poumon. Il en coûte vingt ans de travaux forcés à ce fou qui a déjà passé trois mois en prison pour inceste sur la petite Aline. Maintenant militante à plein temps, Flora parcourt les routes pour apporter sa contribution à l'émancipation ouvrière et féminine. À Londres elle regarde, les yeux grands ouverts, la condition du prolétariat, des détenus – en particulier les mineurs –, des prostituées, et dénonce l'exploitation sexuelle des enfants. Elle rassemble ce qu'elle a à dire dans l'ouvrage qui lui tient le plus à cœur, *L'Union ouvrière*, dont elle assure la publication par souscription. C'est alors une personnalité reconnue et George Sand, qui pourtant ne l'aime pas, Eugène Sue, la très pauvre Marcelline Desbordes-Valmore et des centaines d'autres apporteront leur contribution. En septembre 1844, elle est à Bordeaux, mais la typhoïde et l'épuisement disposent déjà d'elle et c'est là qu'elle meurt, à l'âge de quarante et un ans.

Si elle a écrit une page essentielle de la lutte féminine et féministe, Flora Tristan ne figurera pas au panthéon des voyageuses pour son récit. Compte rendu minutieux de tout ce qu'elle a vu, dit et entendu au Pérou, il inaugure ce ton de dénonciation qui sera désormais le sien, mais dans un contexte où il n'en ressortira qu'un effet narratif douteux : l'oncle est un avare, la tante inspire à la narratrice une « répulsion instinctive », le consul de France est un vieillard incompétent, « goutteux et capricieux », le Péruvien est lâche, faux et paresseux.

Surestimant l'intérêt de son regard, Flora Tristan se lance dans un texte narcissique et mou qu'histoires de famille et d'argent, insurrections, intrigues politiques et tremblement de terre ne réussissent pas à animer – quand elle ne déçoit pas dans le domaine des droits de l'homme, où l'on a vu des voyageuses plus généreuses ! Ainsi, lors d'un épisode de guerre dans la ville où elle réside, l'autorité des notables sur les populations dominées étant menacée, elle a ce terrible commentaire : « La lâcheté de toute cette population blanche, incapable de la moindre énergie pour se défendre elle-même, cette haine de l'Indien dissimulée jusqu'alors sous des formes obséquieuses, viles, rampantes, cette soif de vengeance de l'esclave qui, la veille encore, baisait comme un chien la main qui l'avait frappé, m'inspiraient, pour l'espèce humaine, le mépris le plus profond que j'aie jamais ressenti [1]. » Déplaisante Flora Tristan !

Et agaçante Olympe Audouard ! Madame Je-sais-tout, prétentieuse et autosatisfaite comme aucune, mais voyageuse incontournable. Elle a parcouru l'Égypte en 1860 et 1864, l'Amérique du Nord en 1869, la Russie en 1875 et en 1880. Séparée de son époux, un notaire marseillais auquel son père l'avait mariée et dont elle avait un fils, elle gagne sa vie avec ses publications et deux périodiques, *Le Papillon* et *La Revue cosmopolite*, qu'elle fonde en 1865. « Vingt-cinq ans, blonde, pâle, aux traits fins, avec des cigarettes dans sa poche, trempant résolument ses ongles roses dans l'encre, [elle] s'est mise à rédiger un charmant journal de mode et de littérature, parvenant à y grouper le nom de bon nombre de nos meilleurs écrivains [2]. » C'est une féministe agitatrice qui exaspère la préfecture. En fait, ses

1. *Les Pérégrinations d'une paria (1833-1834)* [1838], Arles, Actes Sud, 2003, p. 206-207.

2. Olympe Audouard, *Comment aiment les hommes*, Paris, Dentu, 1862, préface de Jules Lecomte.

journaux lui coûtent cher en contraventions car elle n'entend pas s'en tenir à la mode quand le traitement des sujets politiques est interdit aux femmes, en même temps qu'elle est l'objet répété de poursuites pour infraction à la loi sur les réunions publiques. Elle se bat à coups de pamphlets : *Lettre au préfet Haussmann*, *Lettre au procureur Dupin*, *Réponse à M. Barbey d'Aurevilly à ses réquisitoires contre les bas-bleus*, *Lettre aux députés*, *Guerre aux hommes*.

Olympe Audouard a de bonnes raisons d'être en colère. On pense à Léonie d'Aunet et à son enfermement pour adultère, à Flora Tristan poursuivie par la haine de Chazal, à Juliette Adam ruinée par son conjoint et qui doit retourner vivre chez ses parents, à toutes ces femmes mal mariées soumises aux aléas de la séparation et auxquelles la loi refuse l'autonomie. La cage est étroite : lorsque Olympe a voulu, par exemple, donner un contenu politique à sa *Revue cosmopolite*, le ministre de l'Intérieur a refusé au motif que « l'article du décret du 17 février 1852 stipule formellement que l'autorisation préalable ne pourra être accordée qu'à un Français majeur jouissant de ses droits civils et politiques ». On ne peut signifier plus clairement l'inégalité des genres. Et quand elle déclare la *Guerre aux hommes*, il n'y a rien à redire : « Ce sot égoïsme de tous les hommes, voilà la cause, bien plus que l'amour du luxe, du nombre effrayant de lorettes qui vivent en France. [...] Pour les hommes, il y a foule d'écoles gratuites, il y a l'École centrale, les Arts et Métiers, pour les femmes il n'y a rien[3] ! »

Mais avec Olympe Audouard les contradictions ne sont jamais bien loin et sa défense des femmes est moins maîtrisée quand, passant du rationnel à l'émotionnel, elle réplique à un député qui accuse les « grandes dames » d'être dépensières : « Est-ce notre faute si les

3. Paris, Dentu, 1866, p. 89, 98-99.

hommes ont souvent cinquante mille francs en portefeuille pour acquitter les dettes de Mlle Anna ou Mlle Cora, tandis qu'ils tirent à peine de leurs caisses, tous les mois, deux ou trois pauvres mille francs pour payer la couturière de leur femme légitime qui a cependant sur ces demoiselles l'avantage de n'être pas née dans une soupente et de ne pas parler le javanais [4] ? »

En voyage, la tentation élitaire et raciste est chez elle particulièrement forte. Ainsi, le spectacle des Indiens du Far West inspire à la militante de bien sinistres commentaires : « [Ce] sont vraiment des êtres mystérieux qui paraissent tenir le milieu entre le singe et l'homme. Leur nez ressemble à un museau, leurs mâchoires ont un développement qui vous donne le frisson car elles vous font deviner ces instincts de carnassiers qui les caractérisent ; avec leurs yeux rouges injectés de sang ils ont le regard terne de la hyène. [...] On écrit des pages émouvantes sur le sort de ces tristes débris de la civilisation autochtone chassés de leur sol par les Yankees, spoliés de leurs terres, traqués comme des bêtes fauves. Eh bien, je voudrais que ceux qui font ces tartines humanitaires allassent rendre une petite visite aux naturels du pays, et ils verraient alors si ces gens ont des droits quelconques sur le continent ; à moins qu'on ne veuille accorder à la bête fauve un droit imprescriptible sur son terrier [5]. »

Mais il n'y a pas que les Indiens pour lui déplaire : les Juifs et les Noirs sont à la même enseigne. Flora Tristan, au Pérou, était tout aussi inattendue, incapable de concilier sa révolte devant l'asservissement des Noirs et le respect envers eux. « La physionomie de ces esclaves est repoussante de bassesse et de perfidie [6] »,

4. *Le Luxe des femmes*, Paris, Dentu, 1865, p. 14-15.
5. *À travers l'Amérique. Le Far West*, Paris, Dentu, 1869, p. 149 et 171.
6. *Pérégrinations d'une paria...*, *op. cit.*, p. 172.

s'exclame-t-elle dans une sucrerie où elle a pu observer l'affreuse condition qui leur est faite.

Pourquoi l'esprit critique qu'elles exercent comme militantes leur manque-t-il ainsi comme voyageuses ? On voit Flora Tristan oublier au Pérou de s'indigner d'avoir une esclave à son service, ou de s'étonner que les religieuses en aient aussi ! Olympe Audouard, qui a été exposée à des différences culturelles beaucoup plus marquées que celles qui s'observent entre l'Amérique latine et l'Europe, est encore plus souvent en défaut. Par exemple, la polygamie des mormons de Salt Lake City, où elle passe un mois, lui paraît plus odieuse dans son principe que dans la réalité. Ainsi s'embarque-t-elle dans la description affligeante de mièvrerie d'un foyer exemplaire où les trois épouses s'adorent et partagent également leur affection entre les enfants des unes et des autres.

Le même raisonnement vaut pour les harems de Turquie : qu'il n'y ait ni femmes abandonnées ni bâtards justifie à ses yeux toute situation qui leur est faite. L'esclavage oriental massif qu'elle voit à Istanbul, la vente des Circassiennes par l'intermédiaire de femmes turques ne la dérangent pas. Bien au contraire, elle nous sort le couplet, chanté aussi par d'autres, que les Turcs aiment et protègent leurs esclaves. Elle constate le commerce des jeunes garçons, mais l'achat des enfants par des hommes adultes lui paraît un bon moyen de les sauver de la faim et du froid[7].

Aux États-Unis, comme par hasard, tous les Noirs rencontrés par Olympe Audouard déplorent l'abolition de l'esclavage. Elle approuve le port d'armes et souhaiterait qu'il soit légal aussi en France, où les enfants devraient être initiés très tôt à leur maniement pour que chacun sache assurer sa sécurité. Dans l'Illinois, l'usage

7. *Les Mystères du sérail et des harems turcs* [1863], Paris, Dentu, 1884, p. 129.

de son propre revolver a pourtant failli lui coûter la vie : alors qu'elle s'apprêtait à tirer sur des petits canards, elle s'est sentie avalée par des sables mouvants et des témoins ont dû arracher un jeune arbre et le lui tendre pour la sortir de là. Elle ne tire pas que sur les canards : « Les communards, c'est la canaille. [...] J'aime trop l'indépendance, la vraie, la saine liberté, pour supporter avec patience l'arbitraire, l'excès d'autorité de ce qu'en France on nomme la république[8]. » Sûre d'elle, elle se préoccupe beaucoup de se mettre en valeur et raconte avec force détails comment elle a impressionné la police, comment elle a intimidé les douaniers, comment elle a sauté d'un grand navire dans une petite embarcation, etc.

En somme, Flora Tristan et Olympe Audouard ont tendance à s'accommoder en voyage de ce qu'elles dénoncent en France. Qu'elles aient du cran ne doit pas faire attendre qu'elles partent en guerre contre les injustices de toute la planète, mais chez elles voyage et militantisme ne font pas un bon attelage ! Olympe Audouard a cependant deux grands mérites : le premier, de rompre le silence habituel des voyageurs, ethnologues et spécialistes des cultures concernées – pas seulement de cette époque – en réservant une mention dans ses souvenirs d'Égypte à la réalité de l'excision et de l'infibulation, « cette opération horriblement douloureuse et d'une barbarie sans pareille[9] » ; le second, de rapporter en France, afin de les diffuser, des informations concernant la supériorité du statut juridique et social de la femme en Russie et aux États-Unis.

8. *À travers l'Amérique. North America, États-Unis. Constitution, mœurs, usages, institutions, sectes religieuses*, Paris, Dentu, 1871, p. XI.
9. *Les Mystères de l'Égypte dévoilée*, Paris, Dentu, 1865, p. 47.

XX

Les femmes de rang

> La manière de vivre [des Turcs] devient plus mesquine, ils ont moins d'esclaves, de chevaux et de femmes.
>
> Baronne Marie DURAND DE FONTMAGNE.

C'est en épouse de l'ambassadeur de France en Chine que Catherine de Bourboulon a effectué en 1860 un voyage de quatre mois et douze mille kilomètres qui la fait rentrer de Pékin par le désert de Gobi, la Mongolie, le lac Baïkal, la Sibérie, Omsk, Kazan et Nijni-Novgorod, où elle prend le train pour Moscou puis Paris. Elle a préalablement résidé dix ans en Chine, où elle a connu et l'univers privilégié des intérieurs raffinés comme des beaux jardins et celui de l'horreur lors de la révolte des Taiping : « Dans un coin, appuyée contre un arbre, une mère pâle et hagarde, la femme de quelque fermier car elle était proprement vêtue, semblait la statue du désespoir. Ses six petits enfants agonisaient autour d'elle. Je me suis approchée, j'ai essayé de lui parler, pas un des muscles de son visage n'a bougé. [...] Je n'ai rien pu en tirer et, après avoir vidé mes poches devant elle, je me suis enfuie en mettant la main devant les yeux pour ne plus voir. [...] Je viens d'envoyer un domestique avec du bouillon, du riz et du pain à cette malheureuse mère ; elle était morte avec son plus jeune enfant mort dans ses bras ! On n'a pu retrouver les autres dans la foule [1] ! »

La caravane du retour vers l'Europe est mondaine, les Bourboulon voyageant avec l'épouse de l'ambassadeur de Russie, et pendant une partie du trajet avec l'ambassadeur de Grande-Bretagne. Malgré le confort des tentes et les nourritures fines, Catherine de Bourboulon s'épuise : « Le climat de cet affreux pays détruit chaque jour ma santé. [...] Ce doit être bien triste d'être gravement malade dans ces déserts, loin de ses habitudes, de son pays, sans savoir ce qui vous attend et ce que Dieu voudra bien décider de vous [2] ! »

Le charme de la Sibérie méridionale, déjà relevé par Lise Cristiani, ses paysages somptueux, une société urbaine riche, accueillante et raffinée, lui réservent une pause dans un voyage d'une brutalité exténuante. Des équipages lancés à un train d'enfer, des insectes qui ensanglantent les chevaux et les hommes, une affreuse tempête sur le lac Baïkal aggraveront un état maladif qui entraînera sa mort précoce à l'âge de trente-sept ans, trois années seulement après son retour.

Le voyage ménage cependant à Catherine de nombreux moments de grâce, comme celui-ci sur le lac Baïkal après la tempête : « Le paysage qui s'étale en ce moment sous mes yeux est sans pareil au monde. À ma gauche, les hauts pics des montagnes de Chamardaban toujours couverts de neige paraissant du plus beau rose aux premiers rayons du soleil levant ; puis la côte orientale avec toutes ses dentelures, ses rochers noirs, ses plages de sable fin et sa ceinture de collines couvertes de forêts de sapins séculaires ; devant moi, le petit port de Livenitchnaia avec ses maisons en bois peintes en lilas et en bleu, à toits carrés, à pignons en briques rouges [3]. »

---

1. « Relation du voyage de Shanghai à Moscou », *op. cit.*, 1864, I, p. 86.
2. *Ibid.*, 1864, II, p. 335.
3. *Ibid.*, 1865, I, p. 255.

Partout où la France occupe une position politique forte, les voyageuses en résidence ou en déplacement diplomatique mènent une vie de luxe pimentée d'exotisme. Dans un monde où elles se sentent honorées, elles n'exercent en général aucun regard critique sur les sociétés qui les accueillent. Liée au cercle géographique, social et culturel des plus riches, leur position élitaire ne produit que des chroniques futiles de tourisme mondain. Un bon exemple en est donné avec Lucie Félix-Faure Goyau, qui, après son voyage en Terre sainte, suit en 1886 une caravane parlementaire en Afrique du Nord. Trois ministres et leurs épouses entourés d'une centaine de personnes vont inaugurer une statue, une école et une ligne de chemin de fer. En Tunisie, Jules Ferry et sa femme se joindront au groupe. C'est un déplacement moderne et facile dans les meilleures conditions de confort. La délégation visite des villes de l'Oranais, des monuments, des musées et des lieux exotiques, assiste à des danses, des démonstrations à cheval. Lucie est reçue dans quelques riches maisons où elle rencontre des épouses de beys, parfois la première concubine, sa myopie de convenance lui interdisant de voir dans les nombreuses femmes présentes autre chose que des nièces ! De même qu'il y a des antiabolitionnistes pour un esclavage sans violence, elle est pour la polygamie sans enfermement :

« La princesse monta l'escalier en tenant Mme Ferry par la taille et en s'excusant de lui faire gravir les marches : "Quant à nous, dit-elle un peu tristement, c'est notre seule distraction." Le jour tamisé, la fraîcheur entretenue par les grillages qui produisent un courant d'air donnent au salon où l'on nous mena quelque apparence de repos et de bien-être. Cette lumière douce tombe sur des meubles criards, sur des lustres multicolores, sur une quantité de verroterie italienne. Devant nous s'étendait la campagne ruisselante de soleil, fournissant aux yeux une belle échappée vers l'espace libre. Quel rêve hante ces pauvres cerveaux de femmes condamnées à l'oisiveté quand, pendant les après-midi monotones ou le soir, à la tombée de la nuit, les musulmanes regardent de leur cloître les champs se dérouler sous le ciel bleu, bien loin, à perte de vue[4] ? »

La baronne Marie Durand de Fontmagne, elle, aime le *feredge*, c'est-à-dire le manteau qui, avec le voile, dissimule la femme musulmane : « Ce dont on ne pouvait se lasser, c'était du spectacle qu'offrait cette multitude bariolée de femmes turques et arméniennes, assises sur les collines avoisinantes, qui les faisait ressembler à des champs de bleuets, de coquelicots et de boutons-d'or. [...] Que les femmes turques gardent leurs féredgés ! Ce qu'ils font bien dans le paysage[5] ! » La baronne, née Drummond de Melfort, comme elle tient à le préciser jusque sur la couverture de son livre, cousine de l'ambassadeur de Napoléon III à Istanbul, fait savoir comme il est agréable de vivre en 1856 dans les missions diplomatiques des pays où l'on ne voit que les puissants et où l'on ne vit que dans le luxe. Des armées d'esclaves ? Très bien. Des femmes à pleins harems ? Très bien. Les incendies dans la ville ? Très beaux. De soirées mondaines en réceptions, de visites des monuments en promenades sur les rives sublimes du Bosphore, la vie est si intense que la baronne ne voit pas passer les vingt-deux mois de son séjour. Du moins le prétend-elle car, d'après la correspondance de sa cousine, « les nerfs de Marie ne sont pas dans un équilibre parfait et l'absence d'agréables relations et de distractions rend beaucoup plus difficile la tâche de

---

4. *Une excursion en Afrique*, Paris, Baschet, 1888, p. 69-70.
5. *Un séjour à l'ambassade de France à Constantinople sous le Second Empire*, Paris, Plon-Nourrit, 1902, p. 150.

l'aider à remonter sur sa bête. [...] Marie et ses oppressions avec qui je suis toujours dans la même ornière[6]. »

Néanmoins, quiconque voudrait voir la planète en rose pourrait prendre des leçons auprès de la jeune voyageuse : « Ce qu'on appelle esclavage en ce pays n'est en quelque sorte qu'une manière d'adoption qu'on fait de ces jeunes filles dès leur enfance pour les marier ensuite soit aux jeunes gens de la famille, soit à ceux d'autres harems. Lorsqu'elles sont de grande beauté, elles servent aussi à faire des cadeaux. Les nègres et les négresses qu'on fait venir d'Afrique sont réservés pour les soins les plus vulgaires et les plus pénibles de la maison. On se les procure à bas prix, à cent cinquante ou deux cents francs. Il n'est pas de famille un peu aisée qui n'ait plusieurs esclaves noires à son service ; ce sont généralement les Abyssiniennes, à la peau fortement bronzée et renommées pour leur beauté. [...] Il n'y a plus de chrétiennes dans les harems. [...] À présent, ce n'est plus qu'en Circassie ou en Géorgie où les plus beaux types féminins sont conservés qu'on va chercher les filles pour les harems[7]. »

Des années plus tard, quand elle rapportera ses souvenirs, Marie Durand de Fontmagne se grisera de l'ambition d'éclairer l'histoire de France : « Ces pages qui n'étaient pas destinées à voir le jour ont paru aux yeux de quelques amis renfermer des documents trop précis et trop sérieux pour ne pas en tirer parti[8]. »

En 1821, la comtesse de La Ferté-Meun, dont la fille est mariée au duc de Rivière, ambassadeur de France à Istanbul, tire du même genre de voyage les mêmes commentaires : séjour mondain, réceptions, tourisme de luxe et forte densité des adjectifs « magnifique » et « charmant ». Comme beaucoup d'autres, elle introduit

6. Nora Şeni, *Marie et Marie. Une saison à Constantinople*, Genève, Métropolis, 1996, p. 249 et 256.
7. *Un séjour à l'ambassade de France...*, *op. cit.*, p. 289.
8. *Ibid.*, Préface.

son récit par des coquetteries : « Vous me demandez, Monsieur, la permission de publier les lettres que j'ai écrites sur les bords riants du Bosphore ; et pour vaincre la timidité de mon amour-propre vous m'annoncez qu'elles ont obtenu des suffrages recommandables, [...] et puisque vous croyez que mes historiettes peuvent un moment intéresser le public, je vous laisse tout à fait le maître de disposer de ma correspondance [9]. »

Un certain 21 janvier, date anniversaire de la décapitation de Louis XVI, la trouve en prières arrosées de larmes. Cette notation permet de prendre conscience de ce que représente pour ces voyageuses distinguées le séjour en Turquie : la saveur orientale dans l'expression sublimée des valeurs de leur milieu. Cette capitale de l'Empire ottoman dont elles n'arrivent d'ailleurs pas à adopter le nom d'Istanbul, préférant les connotations de l'ancienne Constantinople, les enchante et les protège des secousses politiques du monde. La vie mondaine est celle de l'élite cosmopolite rassemblée à Pera, ancienne ville franque et quartier fastueux des ambassades, des banques, du négoce international, des armateurs. Là se côtoient les grandes familles grecques, juives, arméniennes, ottomanes et latines. La langue usuelle est le grec, la langue de la bonne société le français. La description des beaux intérieurs, des beaux vêtements, des beaux mariages de chaque communauté est le passage obligé de tous ces récits. Le voyage devient un déplacement paradoxal qui enracine les voyageuses dans leur monde ; il leur en propose une forme suprême, protégée par les parenthèses de l'expatriation, confortant les narratrices dans leurs convictions et leur assurance.

Ce que Marie Ratazzi a de plus séduisant est sa superbe collection de noms. Son père, Thomas Wyse, membre du Parlement britannique, avait épousé Laetitia

9. *Lettres sur le Bosphore...*, *op. cit.*, Préface.

Bonaparte, nièce de Napoléon, et une série de mariages et de veuvages avait fait le reste : princesse Marie Studolmine-Letizia-Bonaparte-Wyse, comtesse de Solms, comtesse Ratazzi, et pour finir Mme de Rute y Giner. Amie de Béranger et d'Eugène Sue, très estimée et affectionnée de Lamenais, ayant reçu compliment de Victor Hugo, elle exerce toute une activité d'écriture et publie en 1897 le récit d'un voyage à Constantinople [10]. Un article signé Maurice Feuillet nous laisse un portrait d'elle à cette époque : « Un diadème étincelant posé sur sa perruque brune, la poitrine largement décolletée, constellée de décorations, et le corsage barré du grand cordon d'un ordre royal, elle donnait le bras à un chambellan chamarré. Passant à travers les salons, la longue traîne de sa robe glissant sur la luisance des parquets cirés, droite, fière, majestueuse et vétuste, elle semblait incarner la vivante image de grandeurs périmées et de temps révolus [11]. »

Mêlée à une histoire bizarre de trafic de décorations, exilée par Napoléon III, tenant salon ouvert au monde politique et littéraire européen, elle a toujours alimenté admiration et commérages. Son récit de voyage, qui cherche à flatter la puissance ottomane, n'a malheureusement rien du pittoresque de son personnage. Elle se dit trop myope pour voyager seule, et c'est bien l'impression que l'on se fait à la lecture des deux chapitres sur Constantinople, où tout est sublime : le site sur le Bosphore, les palais, les gens et la condition féminine.

---

10. Marie Letizia de Rute, *Lettres d'une voyageuse. Vienne, Budapest, Constantinople*, Paris, Alcan, 1897.

11. Coupure de presse datée du 12 mai 1934, Paris, bibliothèque Marguerite-Durand, sans mention d'origine.

XXI

La foi coloniale

> Les Français, quand ils s'y mettent, savent aussi bien coloniser que n'importe quel autre peuple.
>
> Mme Dor.

En 1840, sous la monarchie de Juillet, l'Algérie est militairement conquise. L'occupation par l'armée s'accompagne de l'installation des premiers colons. Le Second Empire puis la Troisième République reprennent et amplifient la politique d'expansion coloniale. Les opérations militaires ont la double mission de conquérir puis de « pacifier », que ce soit en Kabylie, au Sahara, au Soudan ou en Indochine : « On ne se bat pas, on incendie, écrit le général de Saint-Arnaud, placé sous les ordres de Bugeaud, à propos d'une opération près de Cherchell en 1842. On brûle tous les douars, tous les villages, toutes les cahutes. [...] Que de femmes et d'enfants réfugiés dans les neiges de l'Atlas y sont morts de froid et de faim ! On ravage, on pille [1]. »

Au cours du siècle, cependant, les difficultés font évoluer les politiques d'occupation. En Algérie se succèdent une mise sous autorité des lois françaises et

1. Cité par Marc Ferro, *Histoire des colonisations*, Paris, Le Seuil, 1993, p. 126.

l'installation de colons, la création d'un royaume arabe plus autonome et le reflux de l'implantation civile française, et enfin, après la défaite de 1870 contre l'Allemagne, et essentiellement sous l'autorité de Jules Ferry, le retour à un régime d'assimilation qui, partageant le pays en trois départements français, accentue la mainmise économique et culturelle. On confisque les terres au bénéfice des colons, provoquant ainsi l'appauvrissement des Algériens bientôt soumis de surcroît à des servitudes. En 1871, une révolte s'ensuit en Kabylie et dans la région de Constantine, durement réprimée. En Indochine, l'Annam doit accepter en 1883 le protectorat de la France, qui place chaque province sous l'autorité d'un résident.

En Algérie, en Indochine comme au Soudan, les séjours qu'effectuent les voyageuses sont liés à la situation coloniale, soit à cause des responsabilités exercées par leur mari, soit pour la découverte touristique des nouvelles conquêtes. C'est la visite de l'Algérie, surtout à l'époque de la mise sous administration française, qui fournit le plus grand nombre de récits. À quelques heures de Marseille, le pays, par son appartenance au continent africain, son climat, sa végétation, sa faune – une voyageuse mentionne des lions à Batna –, ses paysages, la diversité de ses populations, de leurs costumes et de leurs usages, exerce une séduction sans pareille sur les Françaises, d'autant que la présence militaire et coloniale leur procure d'agréables sentiments de sécurité, de supériorité et de témérité.

Pour la majorité de celles qui ont laissé un témoignage, point de grain de folie, point d'audace, point d'esprit scientifique ni d'esprit tout court. Les Octavie Lagrange, Mme Dor, Anne Dutertre, Fanny Lemire sont de pâles voyageuses, pâles à faire condamner leurs récits à un bienheureux oubli. La déclaration de modestie qui ouvre de si nombreux ouvrages n'est pas totalement dépourvue de lucidité : « Des amis m'ont instamment priée d'écrire pour eux ce voyage, écrit Anne Dutertre. Or le voyage d'une femme avec ses aperçus sans profondeur, ses appréciations à la légère, pas la moindre science, point de grandes aventures, de la gaîté ou de la tristesse souvent sans autre raison que le côté d'où vient le vent, cela compose une lecture de mince attrait pour d'autres que pour des amis de l'auteur. »

Octavie Lagrange, qui visite l'Algérie en 1864, déclare plaisamment : « Je suis née pour les aventures », alors qu'elle se transporte sous l'aile de son mari, de la mère patrie et de sa mère tout court, restée au pays mais à qui elle envoie chaque jour une lettre puérile. L'ouvrage a une particularité typographique pleinement cohérente avec son contenu immature : il est composé en cursive, l'écriture même de la bonne écolière. Le style est à l'avenant : « Je vogue de nouveau, chère mère, à pleine voile et à toute vapeur sur l'élément perfide, sur cette mer déjà fameuse dans les temps héroïques et qui, après avoir porté sur ses flots tant de dieux et de demi-dieux, y promène aujourd'hui ma modeste personne [2]. »

L'inventaire de ses découvertes commence par une « exposition de produits vivants », occasion de tenir des propos malveillants sur *le* Juif, *le* Maure, *le* Berbère, *le* « nègre ». Les « négresses » ont droit à l'habituel traitement : « Une ampleur de formes que rien ne dissimule, une laideur repoussante, les font ressembler à de véritables guenons habillées [3]. » Octavie Lagrange convoite elle aussi « une petite créature à deux jambes » comme « groom » à Paris. Certes, les enfants sont de petits sauvages « mais le régime militaire si puissant en Kabylie est à l'œuvre et taille dans le vif ; une fois les ordres donnés il faut que la civilisation marche en avant bon gré mal gré et au pas accéléré [4] ». Ce voyage qu'elle

2. *Souvenirs de voyage. Algérie et Tunisie. Correspondance*, Langres, Autographe de Vathelet, 1868, p. 144.
3. *Ibid.*, p. 33.
4. *Ibid.*, p. 94.

présente comme un circuit touristique de plusieurs mois d'Alger à Blida, Cherchell, Tizi Ouzou, Biskra, Batna et Constantine est probablement lié à des intérêts coloniaux du mari. En tout cas, le couple Lagrange croit les yeux fermés en la domination française : « Nous sommes enchantés de notre excursion pleine de ces détails de mœurs si étranges et qui finiront par disparaître sous le souffle prolongé de notre civilisation[5]. »

Apparentées en cela aux voyageuses mondaines ou aux femmes en pèlerinage, Octavie Lagrange et Mme Dor reviennent en ayant beaucoup regardé et peu vu. En 1880, cette dernière se rend de Lyon à Alger avec son mari ophtalmologue pour un congrès à la gloire du colonialisme, mais ils arriveront après la clôture ! Son récit est un enchaînement de descriptions de sites et de paysages, ni vraiment monotone ni vraiment nouveau. Le parcours est sensiblement le même que celui d'Octavie Lagrange, dont elle partage la foi dans la colonisation : « Il est trop tôt pour demander aux Kabyles d'admettre tous les avantages du gouvernement de la France, mais le jour viendra sûrement, lorsque le temps aura guéri les blessures morales, où ce peuple intelligent bénira ses conquérants et dira l'histoire en mains : "Les Français furent nos sauveurs[6]." »

Quant à Anne Dutertre, son récit la fait mentir quand elle conclut : « On revient l'esprit agrandi, le cœur meilleur, les idées plus élevées, plus justes, plus larges. » Elle quitte la Normandie vers 1860 avec sa fille mariée pour rejoindre son gendre, officier du corps expéditionnaire à Alger. En voiture ou à cheval, elle fait un très long périple à travers le pays, souvent encadré de militaires – périple qu'elle n'a pas le talent de rendre intéressant bien qu'elle travaille au couteau les couches d'exotisme.

---

5. *Ibid.*, p. 128.

6. *Souvenirs du congrès d'Alger. Tunis et la Kabylie*, Lyon, Librairie générale H. Georg, 1882, p. 79.

Ainsi, Mme Dutertre adore désigner la contrée sous son nom antique de Numidie. Constantine, par exemple, est « la reine de la Numidie », et près d'une cascade elle s'émeut : « Aujourd'hui, nous, Françaises aventureuses, nous voici, à notre tour, trempant nos mains dans cette onde numide, lui demandant des souvenirs qu'elle nous gazouille tout bas [7]. » Son mépris des gens, lui, n'est tempéré d'aucune émotion ; Philippeville n'a qu'une « population de fainéants », et au souvenir des compliments rituels d'une famille arabe qui l'a chaleureusement accueillie elle est sans pitié : « C'était à pouffer de rire, rien qu'en y songeant je m'en tiens les côtes [8]. » Pour dessiner des têtes pittoresques Mme Dutertre se rend dans une prison de Bougie où les Français gardent des rebelles en otage jusqu'à la reddition de leur clan. La compassion qu'elle éprouve envers un prisonnier l'amène cependant, sans remettre en cause la domination française, à intercéder en sa faveur.

Augustine Girault, dans son récit de voyage publié en 1881, choisit l'exotisme et enchaîne les chapitres sur la fête de la fève, les courses de chevaux, la chasse, les fantasias, les rites des Aïssaouas, sortes de fakirs qui, d'après elle, lèchent du fer rouge, se font mordre par des serpents, s'extraient l'œil de l'orbite, « dégoûtants sortilèges qui sont des insultes à la civilisation et au bon sens [9] ». On a droit à l'incontournable cérémonie de mariage et à des réjouissances africaines : « Fatigués du vacarme des instruments, des danses et des jongleries qui rendaient plus hideux les visages noirs grimaçants et convulsionnés des acteurs, nous quittâmes la fête [10]. » Le récit est ponctué d'exclamations à la gloire de la France et de son armée.

7. *Voyage de Vermont-sur-Orne à Constantine sur l'Oued-Rummel, Sétif, Bougie et Alger, par une femme*, Caen, Imprimerie de Hommais, 1866, p. 99.
8. *Ibid.*, p. 261.
9. *En Algérie*, Paris, Librairie centrale des publications populaires, 1881.
10. *Ibid.*, p. 114.

« Notre drapeau est planté et bien planté, et chacun sait qu'il est une protection sous laquelle les colons français et indigènes se groupent en liberté [11]. » Loin de l'Algérie, en 1892, Fanny Lemire, tout aussi sûre des bienfaits dispensés par la France, fait un voyage unique, aux deux sens du terme, dans les hauts plateaux de l'Annam. Huit jours à cheval, environ deux cents kilomètres dans des régions d'une grande diversité ethnique où elle accompagne en voyage officiel le résident Charles Lemire, probablement son père. C'est une voyageuse qui a le mérite de parler l'annamite et de s'intéresser au pays, sous l'influence sans doute de ce Lemire ethnographe qui publie beaucoup sur l'Indochine et la Nouvelle-Calédonie, où il a précédemment résidé. Elle observe d'ailleurs des similitudes curieuses entre les cultures moï et canaque : on offre une poule et un coq aux étrangers ; on ne dispose pas d'une écriture ; on compte dans un système décimal avec les doigts des mains et des pieds ; on dit, quand quelqu'un lit, que c'est le papier qui parle... Néanmoins, son regard à elle aussi est celui de l'occupant, et elle consacre beaucoup de son petit fascicule à décrire les cérémonies d'accueil réservées au résident.

À la même époque, en Algérie, une grande réalisation agricole sombre dans l'abandon. C'est celle d'Aurélie Tidjani, née Picard, à vrai dire moins voyageuse qu'expatriée. Elle s'est mariée en 1871 avec un cheik musulman noir, chef spirituel d'une importante communauté d'Afrique du Nord. Elle n'a pas rédigé de récit mais a laissé assez de traces pour inspirer plusieurs biographies.

Née en 1849 dans une modeste famille de Haute-Marne, elle rencontre son futur mari à Bordeaux et prend le risque d'une union hors norme avec un homme

---

11. « Voyage à travers le Binh-Dinh jusqu'aux Moïs de Teh-Lakong », *Bulletin de la Société de géographie de Lille*, 1894.

qui a déjà plusieurs femmes. Un homme à la fortune plus exhibée qu'assurée qui l'emmène vivre aux confins du désert dans une propriété dont il faut assurer la gestion, ce qu'elle fait brillamment. À la mort du cheik, en 1897, elle épouse le frère de celui-ci pour préserver l'intégrité du domaine et de la communauté spirituelle. Sa domination sur la confrérie maraboutique, pouvoir considérable, éveille méfiance et convoitises, si bien qu'Aurélie Tidjani doit user, année après année, de toute une science de la négociation tant auprès des autorités françaises que des instances religieuses musulmanes.

À la mort de son deuxième mari, devant les rivalités suscitées par l'héritage, elle part s'installer à Alger. Probablement mal à l'aise maintenant entre deux cultures dont elle a su faire dans sa vie personnelle une synthèse que l'histoire n'a pas faite entre deux sociétés, sans aucun soutien des autorités françaises, ayant tenté et raté un retour en France, elle revient finir sa vie en Algérie. Son domaine n'est plus que ruines. Ni assimilée ni réfractaire, elle a vécu et agi en milieu musulman, conservant et imposant ses habitudes françaises dans une étonnante version d'interculturalité coloniale.

qui a déjà présenté ses [illegible] à la [illegible] mis [illegible] qui assure qu'il [illegible] dans une [illegible] il faut assurer la gestion, ce qu'elle fait brillamment. À la mort de [illegible] en 1897, elle [illegible] le [illegible] de [illegible] pour [illegible] l'Algérie [illegible] communauté spirituelle [illegible] la confrérie [illegible] pouvoir considérable [illegible] en Afrique [illegible] après [illegible] tant auprès des autorités françaises que des [illegible].

À la mort de son deuxième mari, [illegible] les rivalités suscitées par l'héritage [illegible]. Alors [illegible] l'Islam [illegible] [illegible] que l'Islam n'a pas [illegible] [illegible] [illegible] elle [illegible] en France, elle [illegible] sa vie en Algérie. Son domaine n'est plus [illegible] elle [illegible] insuffisant [illegible] et impossible [illegible] ses [illegible] françaises [illegible] une [illegible] d'un [illegible] coloniale.

XXII

Le doute colonial

> Un jour, je vis un Arabe grimpé sur un palmier de notre jardin qui chantait à tue-tête. Intriguée, je m'informe. On me répond que le chanteur est en train de féconder les palmiers femelles en semant sur leur tête en fleur du pollen de palmiers mâles. L'acte accompli, on donne une pièce de monnaie à l'opérateur.
>
> Hubertine AUCLERT.

Une pièce de monnaie pour la fécondation du pays : telle est bien l'attente de la France et de ses colons en Algérie, attente reprise à leur compte par les voyageuses. Toutefois, quelques récits écrits entre le milieu et la fin du XIXe siècle, très réservés sur la politique d'occupation, rompent avec le discours dominant.

Pauline de Noirfontaine, arrivée au début de la colonisation, vers 1848, peu après les opérations Bugeaud, est particulièrement lucide : « Le peuple arabe aura beau coudoyer notre civilisation, il ne signera jamais un pacte social avec nous [1]. » Ou encore : « Je crois en un mot que l'Algérie est vaincue et non pas conquise [2]. » Pour elle, réduite à sa vérité, la conquête de l'Algérie est « une opération de commerce » sur les riches plaines et

1. *Alger. Un regard écrit*, Le Havre, Lemale, 1856, p. 34
2. *Ibid.*, p. 314.

non un glorieux épisode militaire. « Je ne vois pas, dit-elle, pourquoi on ne considérerait les Arabes que comme une colonie de brigands sur lesquels on peut tirer impunément comme sur un vaisseau sans pavillon[3]. » Très loin du discours officiel et de l'ambiance générale, elle dénonce le cercle vicieux de l'occupation qui soulève les Arabes alors qu'il faudrait aux colons paix et sécurité. Le sort de ces derniers la touche aussi : ils sont en butte à une administration tatillonne dans un pays loin d'être en paix, souvent aride, au climat ingrat, et où les maladies font des ravages. L'avenir lui paraît sombre : « Lorsque nous aurons versé le meilleur de notre sang, vidé les trésors de la métropole qui ne sont pas inépuisables, les difficultés, sous certains rapports, seront les mêmes[4]. » Avec son esprit indocile, Pauline de Noirfontaine appartient à cette petite catégorie de Françaises en résidence à l'étranger qui s'intéressent profondément aux pays qu'elles habitent. Elles observent et se documentent, se forgeant des opinions personnelles sur la culture d'accueil.

Jane Fancy, qui a vécu en Algérie à l'époque du « royaume arabe », revient vingt ans plus tard, en 1890, alors que les colons ont réussi à empêcher toute politique libérale vis-à-vis des colonisés. Un bref séjour à Alger la laisse choquée par la mauvaise gestion de tout, par la dégradation de la ville et par la misère des Arabes, dont elle craint qu'ils ne soient poussés un jour à la révolte[5].

Hubertine Auclert, qui arrive à la même époque, est une militante féministe. Première des suffragettes françaises, elle veut – et c'est son originalité par rapport aux autres combats – que la femme devienne d'abord citoyenne à part entière, qu'elle vote et conquière ainsi

3. *Ibid.*, p. 289.
4. *Ibid.*, p. 314.
5. *Quelques jours en Espagne et en Algérie*, Paris, Librairie de Paris, 1891.

ses autres droits. En 1888, la militante se marie à Antonin Levrier, compagnon de lutte, et quand il est nommé juge de paix en Algérie elle le suit, peut-être à son corps défendant car Paris est son terrain d'action. Elle est néanmoins séduite par la beauté du pays et connaît dans cet éloignement une douceur de vie inattendue que traduisent ces lignes étrangères au ton habituel de son œuvre : « Mon admiration pour ce petit bijou du désert [une gazelle adoptée] me poussait sans cesse à l'enlever de terre pour la presser sur ma poitrine et la couvrir de baisers[6]. » En 1892, devenue veuve, la militante reprendra le chemin de la France et ses activités féministes, pacifistes et anticléricales.

Comme pour Olympe Audouard, la société n'a pas laissé à Hubertine Auclert le choix des armes, la poussant vers l'action d'éclat. La femme n'a pas d'existence civique ? Elle, Hubertine Auclert, ne remplira pas de fiche de recensement. Il n'y a que des hommes pour décider du budget de la nation ? Elle ne paiera pas ses impôts. Le Code civil met l'épouse sous tutelle ? Elle fera scandale dans les mairies lors des cérémonies de mariage. Le suffrage soi-disant universel n'est pas pour les femmes ? Elle s'attaquera aux urnes un jour d'élection. À force de luttes, elle obtient quand même que ces mêmes femmes soient électrices et même éligibles aux conseils de prud'hommes, et qu'elles puissent s'asseoir un peu dans les magasins, les usines et les ateliers au long de l'interminable journée de travail.

En Algérie, son admiration pour ce beau pays n'empêche pas Hubertine Auclert d'être un témoin indigné du sort fait au peuple colonisé : « L'Arabe, moins considéré que ses moutons, est fait pour être écrasé[7]. » Même les enfants – « ces oisillons arabes » qui

6. *Les Femmes arabes en Algérie*, Paris, Société d'éditions littéraires, 1900, p. 206.
7. *Ibid.*, p. 3

s'abattent en bande sur l'Européen « dont ils se disputent le sourire et les sous » – sont taxés sur leurs petits subsides et battus quand le 7 du mois ils n'ont pas acquitté leur impôt auprès de la municipalité. Elle décrit de façon poignante la misère des Arabes spoliés de leurs maigres biens, pressurés par les usuriers – car il faut payer l'impôt colonial – et livrés au dénuement absolu de la misère urbaine. Les humiliations infligées par l'occupant sont quotidiennes, les fonctionnaires français pouvant trouver drôle de confisquer leurs fagots aux vieilles femmes ou de donner des noms ridicules aux nouveau-nés dont on vient déclarer la naissance.

Avec Hubertine Auclert, on voit bien comment la France, en appliquant sa loi, crée des devoirs sans accorder de droits. Et c'est toute la revendication de cette femme, sans mettre en cause la colonisation, bien au contraire, d'en attendre un aménagement généreux et égalitaire. Sous les lois de la République, les Arabes ne seraient plus exploités et connaîtraient le progrès de la justice et de l'éducation, un progrès qui serait favorable à la France : « Leur exclusion politique, en les rabaissant socialement, les écrase économiquement. Parce qu'ils ne votent pas, les Arabes ne peuvent manger, leur travail étant, en raison de leur condition abjecte, déprécié, non rétribué à sa valeur. Pendant qu'ils ne voteront pas, personne ne remarquera ni la vive intelligence ni la grandeur de caractère qui feront des Arabes francisés une élite en humanité[8]. » Hubertine Auclert reste dans la cohérence de sa lutte pour les femmes : les droits civiques d'abord. Que la France domine un autre peuple ne lui paraît pas devoir être remis en question si la règle républicaine s'étend à ce peuple, le concept d'assimilation n'étant d'ailleurs en cette période unanimement ethnocentriste que la forme la plus progressiste de la pensée nationale.

---

8. *Ibid.*, p. 16.

Un bienfait mutuel dont elle ne voit pas l'asymétrie découlerait d'une organisation plus juste de la domination : « En traitant en égaux [...] les Arabes désespérés, en utilisant pour la mise en valeur de la colonie leur endurance et pour la défense du territoire leur courage guerrier, la France peut décupler sa force et sa richesse, faire de l'Algérie, où l'on n'entend actuellement que paroles de haine, cris de colère, lamentations, un paradis terrestre serein où les habitants vivraient unis par la communauté des intérêts et où les houris aux beaux yeux ne seraient plus ni vendues ni séquestrées [9]. »

En effet, la condition des femmes telle que l'observe Hubertine Auclert est lamentable, et là encore elle croit en la République pour émanciper les opprimées : « La loi française baissera-t-elle toujours les bras devant le Coran [10] ? » Unions non consenties, répudiations, séquestration dans les harems qu'elle appelle des « chenils conjugaux », fillettes précocement mariées, ce qui généralise les viols d'enfants : la condition féminine en Algérie la bouleverse. Comme elle choque celle qui signe Louis Régis : « Là, j'ai vu pour la première fois une petite fille, qui semblait n'avoir pas plus de onze ans, allaitant son propre enfant. [...] Je dois dire que pour une femme française, l'impression de ce spectacle n'est rien moins qu'agréable [11]. »

Quelle que soit l'appréciation qu'on porte sur elles, la mise en place effective des politiques sanitaires et éducatives de la France dans les territoires coloniaux sera l'affaire du XXe siècle. En conséquence, ce sujet ne donne pas lieu à informations, sauf sous la plume de celle qui se fait appeler Louis Régis : « À Constantine, il existait en 1837 des écoles d'instruction secondaires, purement arabes, qui renfermaient six à sept cents élèves,

9. *Ibid.*, p. 249-250.
10. *Ibid.*, p. 50.
11. *Constantine. Voyages et séjours*, Paris, C. Lévy, 1880, p. 291.

et dans lesquelles on enseignait l'arithmétique, la rhétorique, l'astronomie, la philosophie, le droit et la théologie. Quatre-vingt-dix écoles primaires recevaient de treize à quatorze cents écoliers. Dix ans après notre établissement dans la ville, il ne restait plus que soixante jeunes gens qui s'occupaient de hautes études et les écoles, au nombre de cinquante, n'étaient plus fréquentées que par trois cent cinquante enfants [12]. »

L'armée joue toutefois, aux yeux de cette observatrice, un rôle positif dans les relations franco-algériennes, mais les colons, qu'elle montre du doigt, lui paraissent dangereusement aveugles à l'intérêt général. Dans leur désir de tout accaparer il leur est impossible de bien traiter l'indigène, « agent essentiel de la production ». Ils n'ont que haine à son égard. Cette mise en cause du colon est un véritable défi aux idées répandues, même si Jules Ferry lui-même, dans un rapport de mission de 1891, se désole qu'il soit « difficile de faire entendre au colon européen qu'il existe d'autres droits que le sien en pays arabe et que l'indigène n'est pas une race taillable et corvéable à merci ».

Le texte de celle qui signe Louis Régis exprime, comme celui d'Hubertine Auclert ou celui de Pauline de Noirfontaine, une grande admiration pour la terre algérienne, sa beauté et la fierté aristocratique de son peuple. Il est en même temps empreint d'inquiétude. Tout comme Raymonde Bonnetain était navrée au Soudan du caractère minable de l'occupation française, ces visiteuses sentent l'échec de la colonisation. Elles y voient des remèdes, mais des remèdes qui paraissent aujourd'hui parfaitement utopiques puisqu'elles rêvent d'une colonisation juste. Le paradoxe consistant à associer émancipation et spoliation ne leur apparaît pas, persuadées qu'elles sont de la supériorité des lumières

12. *Ibid.*, p. 331.

de leur culture. Elles n'en sont pas moins, avec leurs espoirs et leurs doutes, des consciences de leur époque.

Côté colons, le seul témoignage dont on dispose est celui de Charlotte-Adélaïde Dard, née Picard, qui relate les terribles malheurs d'une famille partie s'installer au Sénégal en 1816, lors de la réorganisation de la colonie sur des terres que l'Angleterre venait de restituer à la France [13]. Se retrouver à bord de la *Méduse* ne fut que le premier mais non le pire des malheurs qui frappèrent les Picard ; c'est dire la somme de souffrances qui les attendait...

Pour une opinion publique bouleversée par le drame, le tableau de Géricault fut véritablement le mémorial de cette histoire atroce où l'incurie d'un commandant de l'Ancien Régime ayant repris du service sous Louis XVIII provoqua la mort de cent soixante personnes et le calvaire des rescapés. En juin 1816, la *Méduse* quittait Rochefort avec à son bord trois cent quatre-vingt-quinze personnes, dont deux familles : celle du gouverneur, qui partait s'installer à Saint-Louis, et les Picard avec leurs cinq enfants. Pour le reste : l'équipage, des fonctionnaires, des scientifiques et un corps expéditionnaire de deux cent quarante soldats. Lorsque la frégate s'échoua sur un banc de sable à la suite d'une succession de mauvaises décisions, le capitaine, les premiers officiers, le gouverneur et sa famille n'eurent qu'une hâte : s'installer dans le meilleur des quatre canots avec des vivres en quantité et tous leurs biens pour s'enfuir vers la côte. Cent cinquante soldats furent refoulés vers le radeau de fortune qui venait d'être construit. Pas de nourriture, peu d'eau, mais des barriques de vin qui ne furent pas pour rien dans les scènes atroces de massacre et de

13. *La Chaumière africaine ou Histoire d'une famille française jetée sur la côte occidentale de l'Afrique à la suite du naufrage de la frégate La Méduse*, Dijon, Noellat, 1824.

cannibalisme que rapporte Charlotte pour en avoir vu le début lorsque sa chaloupe était encore attachée au radeau et pour avoir rencontré les survivants au Sénégal. La famille Picard, encombrante avec ses jeunes enfants, ne dut sa survie qu'à un ou deux hommes d'honneur qui s'interposèrent quand on tenta de l'abandonner, d'abord sur l'épave de la *Méduse* puis dans le désert de Mauritanie où, après quatre jours d'errance sur la mer sans eau ni vivres, il leur fallut parcourir des kilomètres sans chaussures dans le sable brûlant des dunes, avec quelques herbes pour toute nourriture.

Le père de Charlotte, qui faisait partie des fonctionnaires affectés à la nouvelle colonie, avait vu trop de choses pour être apprécié du gouverneur ; celui-ci ne lui confia pas sa charge. Pour survivre, les Picard durent alors tout tenter : commerce à l'intérieur même de la colonie misérable et avec le Cap-Vert, culture du coton sur une île insalubre... « Comment, me disais-je, supporter les piqûres de mille millions de moustiques, les exhalaisons putrides des marais, la chaleur du climat, la fumée de nos cases, les chagrins qui nous dévorent et le manque des choses les plus nécessaires à la vie sans succomber [14] ? »

Malheureusement Charlotte se trompait et presque tous allaient succomber ! Le fauve qui tua leur chien et décima l'élevage de volaille, les serpents qui dévoraient les pigeons et terrorisaient la famille, un climat terrible qui ne permettait ni aux humains de vivre ni au coton de pousser, les tempêtes et les guerres locales qui ravageaient leurs pauvres cases, un travail exténuant, les fièvres, la désertion des Noirs qu'ils avaient loués à un Français et à laquelle ils n'osèrent s'opposer, réalisant l'horreur de l'esclavage, la végétation empoisonnée qui amena trois enfants au seuil de la mort : aucun malheur ne leur fut épargné. Prise de fièvres pernicieuses à

14. *Ibid.*, p. 251

l'accouchement, la mère mourut la première avec son nouveau-né. Après trois ans de misère, ce fut le tour de la jeune sœur, puis du père et enfin des deux petits frères. Ne survécurent que Charlotte, une sœur et un jeune cousin adopté. En novembre 1820, après ce calvaire aux stations sans fin, les rescapés rentrèrent en France. Ainsi avait tourné le projet colonial d'un fonctionnaire livré par la France à une entreprise lamentable.

XXIII

La condition féminine : pitié

> – Vous avez des enfants ?
> – Non.
> – Pas même une fille ?
>
> Jane DIEULAFOY.

Un panorama de la condition féminine dans le monde au XIXe siècle d'après les témoignages de toutes les voyageuses françaises montre une situation extrêmement contrastée, mais désolante dans sa globalité : trop souvent misérables, asservies, enfermées, trop souvent illettrées, traitées en bêtes de somme ou abandonnées à l'oisiveté, occasionnellement sacrifiées sur un bûcher, les femmes qu'elles rencontrent inspirent généralement aux Françaises le sentiment d'être elles-mêmes très privilégiées. « Nous visitons aussi les appartements des femmes, écrit Marie Ujfalvy-Bourdon au sujet du Pakistan. En sortant de ces véritables prisons, je poussai un soupir de satisfaction et m'estimai heureuse au-delà de toute expression d'être européenne [1]. »

En France, depuis 1830 et de plus en plus activement, s'instruit le procès de la condition faite aux femmes. Condition assez difficile pour sensibiliser les

1. « Voyage d'une Parisienne dans l'Himalaya occidental... », *op. cit.*, 1883, I, p. 236.

voyageuses au sort des autres. Poussées par la nécessité, les Françaises du XIXe siècle sont massivement entrées dans le monde du travail, ni éduquées ni formées, s'exposant du même coup à une exploitation sans frein. Les jeunes paysannes poussées vers les villes vont devenir bonnes, nourrices, cuisinières, professions aux heures de travail illimitées qui les soumettent au bon vouloir des maîtres et du maître. Pour la population déjà urbaine, la prostitution, chic ou misérable, occasionnelle ou permanente, est parfois la seule solution pour la survie de la femme et, le cas échéant, de ses enfants. La situation morale et matérielle des mères célibataires est critique. La vie des pauvres, en particulier des ouvrières, est un enfer sous le poids d'horribles conditions de travail et de logement[2]. En 1851, se rendant à Lille pour constater le sort fait aux ouvriers, Victor Hugo peut à peine pénétrer dans leurs taudis tellement l'odeur est repoussante. « Les plaies saignantes de ce Christ qu'on appelle le peuple[3] », écrira-t-il. On songe à ces gourbis et à ces tentes où les voyageuses découvrent une puanteur domestique qu'elles sont loin de soupçonner dans leur propre pays.

Du point de vue des libertés, pauvre ou bourgeoise, l'épouse française ne peut se séparer du mari, même violent, buveur ou accapareur. Privée de droits à la maison, même sur ses propres biens, elle ne participe en rien à la vie civique. Lorsque s'achève le séjour de Mme Grandin aux États-Unis, la nostalgie du monde qu'elle laisse concerne surtout la condition féminine : « Après avoir vu les femmes traitées avec égards, j'allais les revoir traitées soit en bêtes de somme, soit en bêtes de luxe de la valeur morale et de l'intelligence desquelles on a d'autant moins à se soucier qu'on les nie.

---

2. Voir Maïté Albistur et Daniel Armogathe, *Histoire du féminisme français du Moyen Âge à nos jours*, Paris, Éditions des Femmes, 1977.
3. Projet de discours devant les députés, publié en 1853.

[...] Égoïste, sans cœur, l'homme moderne, en France, n'a qu'une préoccupation, qu'une affection, qu'une considération : son moi. [...] La famille l'encombre et, souvent, il ne se marie pas pour donner à la femme aimée le bien-être, la fortune, mais pour les recevoir d'elle de par sa dot[4]. » Toutefois, la France peut s'honorer d'une prise de conscience et d'un mouvement féministe très actif même s'il n'est pas triomphant. Plus on avance dans le siècle, plus la revendication est posée avec force et plus les progrès s'engagent.

Au premier abord, la visite des Françaises dans les harems confronte l'exotisme des unes à celui des autres. La curiosité est des deux côtés. Sources de distraction pour les femmes d'Orient, les voyageuses sont tâtées, examinées, gavées, retenues durant des heures et soumises à toutes sortes de questions parfois crues, le plus souvent enfantines. Au premier harem, les voyageuses sont tout à la fierté d'avoir pénétré là où aucun étranger n'avait jamais été reçu. Au deuxième, elles en ont déjà assez. En fait, les maris, beys, cheiks de petite ou de grande envergure, adorent faire admirer leur troupeau, et c'est sans enthousiasme que les Occidentales, une fois averties, se prêtent à l'entreprise.

Ainsi Blanche Lee Childe : « Le cheik tient à faire les honneurs de ma personne à sa famille. De guide il est devenu barnum. C'est moi qu'il montre, très au fait maintenant des énigmes de mon costume. Il me fait ôter gants et bijoux, voile et fourrures, et exhibe le nombre de mes jupes. Je suis forcée de mettre ici encore un veto absolu. Enfin, les difficultés vaincues, les devoirs de courtoisie accomplis, les salams échangés, je termine cette visite absolument exténuée de fatigue, décoiffée, défaite[5]. »

4. *Impressions d'une Parisienne à Chicago*, *op. cit.*, p. 313-315.
5. « En Tunisie. Souvenirs de voyage », *La Revue des Deux Mondes*, 1884, p. 847.

Jane Dieulafoy, avec quatre harems à visiter, n'arrive que péniblement au bout de ses devoirs : « J'avais dans mes diverses visites absorbé sans sourciller huit ou dix tasses de thé et de café, des confitures au miel, des bonbons en plâtre, des citrons doux. J'avais prêté mon casque, ma veste, mes souliers eux-mêmes, prédit à mon hôtesse la naissance d'un héritier, je méritais bien quelque repos[6]. » Il en va autrement dans les rues fréquentées généralement des seules « femmes de basse condition sans jeunesse ni beauté », où il ne manque pas de voyageuses pour essuyer les insultes, voire les jets de pierre, que les vieilles musulmanes réservent aux « chiennes de chrétiennes ».

Mais que voient-elles, ces voyageuses ? Plus que les hommes voyageurs, c'est sûr, puisqu'elles peuvent pénétrer dans l'intimité de la vie domestique des jours ordinaires comme des jours de fête. Non seulement elles voient où les hommes ne peuvent voir, sauf quelques peintres autorisés pour lesquels on prépare le décor, mais leur genre leur permet de porter un regard de femme sur les femmes non embué d'érotisme à la manière des Flaubert, Nerval ou Delacroix ! « La polygamie, l'esclavage et les gardiens de sérail sont des institutions affreuses[7] », résume Pauline de Noirfontaine, déplorant le sort fait aux femmes algériennes. Même constat dans tous les témoignages sur le monde musulman, tel celui d'Adèle Hommaire de Hell sur la femme turque : « Condamnée à végéter dans l'ignorance la plus absolue des droits naturels de la femme, elle accepte son infériorité sociale, passivement, fatalement : l'homme est le maître, la femme est l'esclave, voilà tout son code[8]. »

---

6. « La Perse, la Chaldée et la Susiane (1881-1882) », *op. cit.*, 1886, I, p. 80.
7. *Algérie. Un regard écrit*, *op. cit.*, p. 289-290.
8. *Voyage dans les steppes de la mer Caspienne et dans la Russie méridionale*, Paris, Hachette, 1860, p. 62.

L'enfermement voue les recluses d'une société abondamment pourvue d'esclaves à la plus totale oisiveté. Il y a longtemps que cette culture qui, un jour, a su faire une place brillante aux femmes ne leur accorde plus d'éducation au-delà du contact rudimentaire avec quelques pages du Coran. « La plus heureuse de toutes, dit Pauline de Noirfontaine, pourrait se noyer sans donner d'autre motif que l'ennui à son suicide[9]. » Et Valérie de Gasparin : « L'ennui, j'ai dit le mot, un ennui sans mesure comme il est sans espoir, voilà le gouffre où plongent toutes les sensations dans le harem[10]. » L'ignorance, l'abandon à une condition très fruste, la promiscuité, l'attente des faveurs du mari, ce propriétaire collectif, livrent les femmes aux passions jalouses et aux tourments de toutes sortes. Succès aujourd'hui, abandon demain, comment supporter sans dommages ce régime dans l'étouffoir de la séquestration de groupe ? « Que de douleurs silencieuses, observe Adèle Hommaire de Hell, d'humiliations, d'ardentes jalousies, de vengeances rêvées couvent en ces femmes orientales. [...] Je sortis de là le cœur serré, furieuse contre cette Turquie où notre sexe joue un si pitoyable rôle[11]. »

S'il y a, en Turquie justement, quelques harems qui paraissent luxueux aux visiteuses de haut vol, ce sont ceux des sultanes et des princesses – c'est-à-dire les mères, les femmes et les sœurs des maîtres du pays. Il n'en reste pas moins, comme le dit Octavie Lagrange, qu'« on a beau dorer la cage, l'oiseau reste prisonnier[12] ». Mais la cage est rarement dorée : « Nous sommes ici, dit Jane Dieulafoy, dans le palais d'une fille favorite du chah de Perse ; combien de femmes de notre

9. *Algérie. Un regard écrit*, *op. cit.*, p. 16.
10. *À Constantinople*, Paris, C. Lévy, 1877, p. 337.
11. *À travers le monde*, *op. cit.*, p. 62.
12. *Souvenirs de voyage...*, *op. cit.*, p. 365.

bourgeoisie provinciale se plaindraient de la pauvreté de cette installation [13]. »

Blanche Lee Childe en Tunisie : « On me fait entrer dans le harem, la longue pièce obscure, basse, à peine éclairée par la porte ouverte, d'une saleté et d'une misère indicible. En un instant la salle est bondée de femmes et d'enfants. [...] Les vieilles femmes sont presque nues sous leur foutah de cotonnade bleue toute trouée. Une seule femme parmi elles, jeune, évidemment la favorite du logis, semble porter tous les vêtements et les bijoux de la famille. [...] Dans toutes les maisons, successivement, je n'en vois de même qu'une seule qui soit parée et pour laquelle, sans doute, les plus âgées sont dépouillées. Quelque chose d'accroupi dans le recoin le plus obscur m'attire pourtant. C'est une pauvre créature qui pleure silencieusement sur un petit enfant couché en travers de ses genoux. [...] Les grands yeux fixes me disent [...] qu'il n'a que quelques heures à vivre. La mère me demande quelque chose, une médecine sans doute, d'une voix déchirante. [...] La vie s'en va comme elle est venue, sans aide et peut-être sans laisser de traces [14]. »

Presque tous les témoignages convergent vers une vision du harem bien éloignée du romantique orientalisme : mal meublé, mal tenu, mal chauffé, sombre, vétuste, grouillant d'enfants plus ou moins bien portants, de femmes souvent en haillons crasseux, violemment maquillées, énervées par la promiscuité et l'oisiveté.

« La condition de la femme en Orient, constate Marie Ujfalvy-Bourdon, est vraiment lamentable : condamnée par la polygamie à n'être qu'un instrument de plaisir de

---

13. « La Perse, la Chaldée et la Susiane (1881-1882) », *op. cit.*, 1883, II, p. 94.

14. « En Tunisie. Souvenirs de voyage », *op. cit.*, p. 846-847.

l'homme[15]. » L'esclavage sexuel est dans beaucoup de pays la loi imposée aux femmes, dans les harems elles sont à la disposition du maître. Les Circassiennes et les Géorgiennes sont objet de commerce sexuel. Les Africaines, selon leur âge et leur aspect, sont asservies aux besoins physiques ou domestiques, mais les filles de la maison sont elles-mêmes une marchandise, vendues par le père à un mari qu'il a choisi selon des critères vénaux. Les Coptes, chrétiens d'Égypte, fournissent même des femmes avec des contrats à durée variable dont Gérard de Nerval s'informe dans le détail. Cherchant justement ce genre d'affaire, il sera un jour sur le point d'acheter à ses parents une très jeune fille, presque une enfant, qu'il trouvera finalement trop chère.

« La misère, le délaissement, le peu de garanties qui entourent l'existence de ces femmes expliquent la fréquence et même la nécessité de ces mariages temporaires[16] », commente la « féministe » Suzanne Voilquin, car l'acceptation de l'esclavage, de ce côté-là du monde, se révèle avec une force surprenante dans ces récits de voyage : « Ce sont les Circassiennes et les femmes de couleur originaires de l'Afrique qui seules peuvent être vendues comme esclaves en Turquie, dit encore Mme Chantre. Et, par esclave, il ne faut pas toujours entendre souffre-douleur malheureux. Les Orientaux ont grand soin de leurs esclaves, objets de luxe qu'ils achètent quelquefois fort cher, auxquels ils s'attachent et qui sont traités souvent comme les enfants de la maison, surtout les filles. C'est ce qui fait dire aux gens du pays que loin de les plaindre il faut féliciter les jeunes Tcherkesses de quitter la triste masure familiale où le sens moral n'existe pas pour devenir d'heureuses favorites bien parées, aimées et choyées, ou des servantes

---

15. *De Paris à Samarkand. Le Ferghanah, le Kouldja et la Sibérie occidentale. Impressions de voyage d'une Parisienne*, Paris, Hachette, 1880, p. 56.

16. *Souvenirs d'une fille du peuple. La saint-simonienne en Égypte (1834-1836)* [1866], Paris, Maspero, 1978, p. 320.

dans de bonnes maisons où elles seront traitées avec certains égards [17]. »

En Égypte, Olympe Audouard sera jusqu'à notre époque l'une des rares à évoquer l'innommable infibulation des femmes, cousues, décousues, recousues, selon les absences du mari. Elle ne passe pas sous silence non plus le rite du mariage où, comme elle en est le témoin, l'homme déflore à la main et publiquement son épouse à peine nubile, relayé, s'il n'y arrive pas, par une matrone et infligeant à la malheureuse d'horribles douleurs. « Ignoble coutume », en dit aussi Suzanne Voilquin. Quant à Mme Pommerol, elle raconte à propos des Mzabites du nord du Sahara, chez qui l'on marie les fillettes de huit ou neuf ans : « Combien meurent de ces petites victimes d'un viol consacré [18] ! »

Quand elles peuvent sortir – pour aller au hammam, par exemple –, ces musulmanes « apparaissent comme des fantômes », selon Augustine Girault ou Anne de Voisins d'Ambre : « En Tunisie, les femmes portent un affreux voile noir, l'adjar, leur enveloppant la tête, le haut du corps, et qu'elles tiennent écarté à l'aide des deux bras tendus horizontalement à hauteur de la ceinture afin de voir juste où elles marchent, ce qui est aussi disgracieux qu'incommode. Ainsi attifées, dans les rues elles ont l'air de véritables paquets [19]. » Suzanne Voilquin, elle, reste longtemps sans voir de femmes dans les lieux publics : « Les premières femmes arabes que j'aperçus me causèrent l'effroi d'une troupe de masques communs et mal réussis [20]. »

Pour ne rien arranger, les femmes d'Orient portent de grosses savates si lâches qu'il leur faut traîner les pieds au sol. Valérie de Gasparin évoque « leurs pieds perdus

---

17. « En Asie Mineure. Souvenirs de voyage en Cappadoce (1893-1894) », *Le Tour du Monde*, 1896, II, p. 441.
18. *Une femme chez les Sahariennes…*, *op. cit.*, p. 175.
19. *Excursions d'une Française dans la régence de Tunis*, *op. cit.*, p. 146.
20. *Souvenirs d'une fille du peuple…*, *op. cit.*, p. 231.

dans l'ampleur des babouches ». Si l'on ajoute les Chinoises aux pieds martyrisés, les Japonaises entravées par leurs socques et l'étroitesse de leurs vêtements, les Occidentales avec leurs corsets et leurs chapeaux, celles dont le vêtement ménage le mouvement sont des exceptions : les gitanes, toujours, et généralement les « femmes des tentes », ces Bédouines ou nomades des climats chauds qui travaillent comme des serfs. Musulmans modérés, les Kabyles sont monogames, attachés à leurs femmes qui ne sont pas voilées et vont librement, même chez le médecin, et dont ils partagent le travail. D'après Mme Pommerol, même statut pour les femmes touareg, outre le fait, remarquable, qu'elles sont éduquées. Les femmes kirghizes, essentiellement nomades, sont elles encore rarement voilées. Les sultanes, filles et sœurs de sultans, choisissent et dominent leurs maris mais ne circulent ni ne s'habillent librement. En Algérie, le costume des femmes juives tout en décolleté, voiles transparents, petit pantalon collant ou jupe très étroite, coloré, sexy, prend les voyageuses de court. En Océanie, sœur Marie-Françoise Perroton passe son temps à coudre des robes pour les jeunes filles en tenue naturelle.

C'est Mme Dor qui fournit l'anecdote la plus éloquente sur les tabous attachés au corps de la femme. Elle marche dans les rues d'Alger en compagnie d'un prêtre. Les musulmanes, ici comme ailleurs lourdement voilées, cachent leur visage et le haut de leur corps, mais dévoilent leurs mollets. Et le prêtre de s'interroger : devant un spectacle aussi osé, ne devrait-il pas fermer les yeux ?

Parmi tous ces usages vestimentaires, la palme du pittoresque revient toutefois à une information fournie par Blanche Lee Childe qui, en Grande Kabylie, traverse un village de colons originaires de la région de Strasbourg où les femmes portent en coiffe « le grand nœud alsacien » !

XXIV

La condition féminine : espoirs

> Essayez donc de renvoyer cette nuée d'émancipées par le travail aux menues servitudes du foyer !
>
> Thérèse BENTZON.

Du point de vue du statut social, sexuel, civique et politique, les Américaines des États-Unis vivent sur une autre planète ! Jeanne Goussard de Mayolle et Mme Grandin rentrent enchantées de ce qu'elles ont vu là-bas de la condition des femmes – blanches, bien sûr –, et Olympe Audouard tout autant : « Ces hommes du XXe siècle ont compris que l'âme humaine est de la même essence, qu'elle soit sous une enveloppe féminine ou masculine. Ils ont compris et admis aussi que le savoir, la science, l'érudition, l'intelligence n'avaient pas de sexe et étaient l'attribut des deux sexes [1]. »

Celle qui en sait le plus est Thérèse Bentzon, de son vrai nom Thérèse de Solms Blanc, Française d'âme européenne grâce à un père allemand, un grand-père danois, une gouvernante anglaise et des études en Allemagne. Mariée à seize ans en 1856, mère à dix-sept ans, séparée à dix-neuf ans, elle est présentée à George Sand qui l'introduit à *La Revue des Deux Mondes* où elle

1. *À travers l'Amérique. North America...*, *op. cit.*, p. 54.

tient, pendant de longues années, la chronique de la littérature américaine. Très professionnelle, elle rend compte de toutes les publications d'outre-Atlantique et porte à la connaissance du public français les œuvres de Mark Twain, Henry James ou Walt Whitman.

Elle écrit beaucoup et traduit beaucoup. Thérèse Bentzon et Olympe Audouard ont certains traits en commun : femmes de lettres mariées et mères très jeunes, elles vivent séparées de leurs maris, écrivent des ouvrages et des articles entre les années 1860 et 1890 ; toutes deux sont préoccupées de la question féminine, toutes deux connaissent et l'Amérique et la Russie. Toutefois, l'une a une plume pamphlétaire, l'autre une plume littéraire, et si Thérèse Bentzon, peu progressiste, n'a pas les emballements de sa collègue, elle n'a pas non plus ses contradictions. Chez elle, par exemple, pas de complaisance envers « le dogme polygame [des mormons] qui permet à un seul homme de devenir père d'une cinquantaine d'enfants ou davantage et de peupler très vite un désert[2] ».

Aux États-Unis, Thérèse Bentzon fait la revue de tous les postes salariés ou bénévoles occupés par les femmes : directrices de prisons, de foyers, de refuges, professeures dans les universités féminines, institutrices, infirmières. Elle ne relève pas, d'ailleurs, à quel point cette élite exerce surtout ses activités dans le champ de la solidarité, faisant en quelque sorte du rattrapage social auprès des plus faibles – femmes, enfants, pauvres, malades, Noirs, immigrants, alcooliques. Toutes les structures d'assistance où les femmes occupent une place de premier rang sont liées à des associations, des sociétés – de tempérance, par exemple –, puissantes et organisées, qui jouent un rôle majeur dans le pays. De grands progrès « ont été accomplis sans fracas par la grâce d'un groupe de femmes dignes de servir de

2. *Choses et gens d'Amérique*, Paris, C. Lévy, 1898, p. 109.

modèles à toutes les autres[3] », écrit Thérèse Bentzon, qui ne souhaite pas pour autant l'égalité des hommes et des femmes. Pour elle, l'espace social que gèrent les femmes devrait avoir pour modèle l'espace familial ; maternalisme et esprit religieux répareraient bien des dégâts et préviendraient les dangers, à l'exemple de ces dames de Boston qui guident vers des foyers les jeunes immigrantes qui débarquent seules en Amérique.

Mais quand la condition féminine connaît toute sa dimension émancipatrice avec les brillantes universités de Bryn Mawr, Wellesley, Vassar, et avec l'accès au vote dans certains États, Thérèse Bentzon cale. Par un artifice d'écriture, elle prête sa circonspection à un homme : « Espérons seulement qu'elles n'iront pas trop loin dans leur intérêt même ; peut-être finiraient-elles par être si fortes et si bien armées que nous n'aurions plus de raisons pour nous montrer envers elles chevaleresques. Et, le jour où nous cesserons de les protéger, elles s'apercevront sans aucun doute que, tout en ayant obtenu grades universitaires et droits politiques, elles sont plus embarrassées qu'auparavant[4]. » Quand elle rencontre une ethnologue, une journaliste, une fonctionnaire du Congrès, c'est avec une admiration toujours réservée : « Essayez de prouver seulement aux moins intéressantes d'entre elles qu'il vaut mieux faire une jolie robe ou un bon plat que de la mauvaise littérature et surtout du reportage ! Et surtout, ce qu'elles veulent établir, c'est l'égalité absolue des sexes[5] ! »

Ce penchant très accentué au conservatisme n'est pas étranger à l'angoisse de Thérèse Bentzon face à cette foule américaine « à laquelle les Juifs russes fournissent un contingent lamentable. L'émigration a jeté ce flot sur les rivages du Nouveau Monde, très malheureusement,

3. *Notes de voyage. Les Américaines chez elles*, Paris, C. Lévy, 1898, p. 411.
4. *Ibid.*, p. 171.
5. *Ibid.*, p. 252.

des gens qui ne comprennent pas la langue, ne connaissent pas la loi et sont, avec l'écume italienne, un sujet d'inquiétude justifié pour le pays qui les a reçus. Leur misère paraît sans remède parce qu'elle est le résultat, non pas seulement de toutes les infortunes, mais de tous les vices, de toutes les révoltes et d'une complète incapacité[6]. »

Son esprit féministe qui ne tient pas devant l'égalité des genres ne tient pas non plus devant l'égalité des races : « J'ai vu de petites négresses à la face simiesque suivre une classe de grec. Quelque ignorante que je sois du préjugé de la couleur, j'estime que les classes de couture, de blanchissage et de cuisine fondées par le bon général Armstrong ont plus d'utilité. [...] Peut-être l'excellent esprit de cet institut conjurera-t-il certains des périls causés par la présence en Amérique de huit millions d'individus qui n'ont pas demandé à y venir mais qui ne se laisseraient point expulser[7]. »

Du côté de la femme russe, l'impression de cette voyageuse corrobore celle d'Olympe Audouard : « C'est du Nord que nous vient la lumière, et c'est à la Russie que revient la gloire d'avoir la première accordé à la femme égalité dans les lois, droit à l'instruction et à toutes les sciences, et droit au travail[8]. » L'égalité des sexes est reconnue par la loi, et la femme a la libre disposition de ses biens, qu'elle peut gérer comme elle veut. En cas de divorce, les tribunaux ont même tendance à favoriser l'épouse.

Pierre le Grand a été le premier à octroyer des droits à la femme et à la sortir du statut d'inspiration orientale de la culture byzantine, suivi par Catherine II qui, elle, a fait beaucoup pour l'éducation. Quand arrive la fin du XIXe siècle, la femme de la société urbaine est éduquée et

6. *Ibid.*, p. 49.
7. *Ibid.*, p. 262.
8. *Les Nuits russes*, Paris, Dentu, 1876, p. 406.

travaille ; son salaire est généralement inférieur à celui d'un homme, mais dans les administrations, les postes, les banques, il est le même. Thérèse Bentzon constate en outre une vraie camaraderie entre jeunes gens et jeunes filles, ce qui la laisse perplexe car en France une relation de ce type est impensable, tandis que la mixité américaine fait très flirt.

Que des demoiselles soient attirées par la science l'impressionne aussi, mais la vraie preuve d'égalité, elle la voit, et probablement à juste titre, dans leur investissement en politique : elles sont tout autant brutalisées dans les manifestations et même exilées pour leurs idées. Et puis la voyageuse adore la personnalité des femmes russes, qu'elle trouve, loin de la raideur des Américaines, douces, sentimentales, rêveuses. Le mot ne vient pas sous sa plume, mais c'est bien celui qu'il lui faut : à ses yeux, la femme russe est féminine, et elle en est rassurée.

XXV

Les autres

> Voyager développe le mépris qu'on a pour l'humanité.
>
> Gustave FLAUBERT.

Flora Tristan déteste les Péruviens, qui le lui rendent en brûlant son livre ; elle déteste aussi les Anglais et elle n'est pas la seule : nos voyageuses ont toujours un œil plein de rancune sur le voisin d'outre-Manche, sauf peut-être à Istanbul après 1856, pendant la parenthèse de la victoire commune sur l'ennemi russe lors de la guerre de Crimée. « L'Anglais n'aime pas l'indigène, dit Isabelle Massieu. Il le méprise souvent et le dédaigne toujours [1]. » La querelle est ancienne, avivée par la concurrence coloniale et la conquête des marchés. C'est un conflit frontal : nationalisme francophobe anglais contre nationalisme anglophobe français !

Contrariées de se voir souffler des pièces archéologiques, les Françaises ont un autre contentieux avec les méthodes de la nation honnie dont Blanche Lee Childe nous fait témoins : « Horreur ! Le temple de Ramsès II est envahi par une bande de touristes Cook, dragoman galonné en tête. Nombreux, bruyants, haletants, poudreux, ils se sont répandus comme une traînée de

1. *Comment j'ai parcouru l'Indochine…*, *op. cit.*, p. 199.

fourmis. […] Mais, ô honte, avant de se mettre en marche, elle grimpe sur le pauvre colosse à terre et, vermine moderne, se répand sur son torse, ses épaules. Inepte et ignorante, elle s'éloignera aussi ignorante et aussi inepte, fière d'avoir "fait" en trois semaines ce qu'il y a à voir sur le Nil, d'avoir foulé au pied Sésostris, le roi des rois. Il nous faut un certain temps pour reprendre notre sérénité et oublier l'impression laissée par les Vandales, obéissants sujets de ce véritable pharaon de l'Égypte moderne, le sieur Thomas Cook[2]. »

« Les Juifs, dit Olympe Audouard, ne sont pas aimés en Pologne et, franchement, en les voyant j'ai compris ce sentiment de répulsion qu'ils inspirent. […] Ils font une foule de métiers dont le plus honnête est l'usure[3]. » Pour Germaine de Staël, « la Pologne est inondée de Juifs[4] ». La plupart des voyageuses reprennent à leur compte sous des formes plus ou moins agressives les préjugés habituels. Peu iront cependant aussi loin que la très catholique Mlle de Vare, qui soutient une lamentable rumeur antijudaïque en Terre sainte : un capucin aurait été assassiné par des Juifs pour que le rabbin, répondant à l'exigence d'un obscur rituel, puisse mêler son sang à la pâte du pain azyme. Elle concède aux Juifs d'Europe le droit de protester contre cette imputation mais conclut : « Cela ne veut pas dire que quelques Juifs d'Orient n'aient pas pu concevoir une si horrible superstition[5]. »

Quelques voyageuses, cependant, expriment un peu de bons sentiments, ambigus néanmoins, devant la solidarité des Juifs entre eux, leur misère ou les violences qu'ils subissent, comme Flora Tristan à Londres ou Adèle Hommaire de Hell, témoin en 1842 d'un pogrom

2. « Impressions de voyage. Alexandrie, Le Caire », *La Revue des Deux Mondes*, 1882, p. 907.

3. *L'Orient et ses peuplades*, *op. cit.*, p. 95.

4. *Dix années d'exil…*, *op. cit.*, p. 183.

5. *Voyage au mont Liban*, *op. cit.*, p. 61.

en Bulgarie. La moins antisémite, sous l'effet des idées saint-simoniennes, est Suzanne Voilquin : « Forcés par la loi de porter le turban jaune comme marque distinctive de leur position inférieure, ces pauvres Juifs [d'Égypte] protestent à leur manière ainsi qu'ils le font partout où les sots préjugés les atteignent encore : ils font le négoce en silence, s'enrichissent et vivent entre eux fraternellement [6]. »

En fait, jusqu'aux années 1890, avant les invectives de Drumont dans *La Libre Parole* et l'affaire Dreyfus, l'antijudaïsme ne revêt pas de formes passionnelles, même s'il est ancré dans la culture catholique nationale. En revanche, l'anticapitalisme socialiste de Charles Fourier et de Proudhon diffuse des thèses antisémites haineuses : « Le Juif, note le second, est l'ennemi du genre humain, il faut renvoyer cette race en Asie ou l'exterminer [7]. » C'est probablement dans la sphère de ces idéologues, bien qu'avec quelque distance envers un Proudhon misogyne, que peuvent s'expliquer les attitudes hostiles aux Juifs de militantes féministes comme Hubertine Auclert et Olympe Audouard. La première répète à satiété que les Arabes d'Algérie sont aux mains des « usuriers israélites », sans interroger le mécanisme en jeu : la France confisque les terres du petit paysan arabe et, cherchant le maximum de contribuables, lui impose une taxe qu'il n'a pas les moyens de payer. Il s'endette, conséquence qui n'échappe en rien à l'administration coloniale puisque c'est elle qui fixe les taux d'intérêt faisant du prêteur, quel qu'il soit, un rouage de la machine à piller.

Louise Colet apporte une contribution édifiante à ce chapitre. Quand, en 1869, elle monte à bord du bateau qui va l'emporter vers l'Égypte, son regard saisit une jeune femme avec deux enfants : « Un charme étrange

6. *Souvenirs d'une fille du peuple*..., *op. cit.*, p. 321.
7. *Carnets*, 26 décembre 1847.

s'échappait de ce petit être sans beauté réelle mais ayant des yeux comme on n'en voit pas et des cheveux uniques au monde[8]. » Mais le climat change quand le commandant lui apprend que la passagère est juive et doit partager sa cabine. Le soir même, comme les enfants l'empêchent de s'endormir, Louise Colet, au bout d'une petite heure de cohabitation avec leur mère, sombre dans un véritable délire antisémite :

« Je fus alors frappée par la disgrâce de sa physionomie. Le menton pointu, la lèvre pendante, le nez recourbé, le front bas exprimaient toutes les convoitises de l'égoïsme ; en dehors d'elle et de la tendresse charnelle et bestiale qu'elle concentrait sur ses rejetons, on comprenait qu'aucune pitié pour les détresses humaines n'avait jamais pénétré dans ce cœur. Elle devait battre sa négresse Norma et abuser de la barbarie des lois turques pour malmener les fellahs à son service. Fastueuse et sensuelle comme une créole, elle aimait les bijoux et la bonne chère ; la vanité la rendait prodigue mais tout appel à l'aumône faisait éclater sa lésine. Je lisais clairement les instincts de cette femme sur son visage immobile[9]. »

Du stéréotype de la belle Juive à celui de l'accapareuse, tout y passe.

Quant aux Noirs, n'en parlons pas ! Le débat de l'époque a marqué les esprits dans le sens d'un questionnement sur le statut du « nègre », être humain ou animal. Certaines trouvent normale la façon dont ils sont traités, d'autres en souffrent, comme Mme P. en Afrique du Sud, quand elle soigne un Noir que des Blancs se sont amusés à faire mordre par des chiens : « Étrange divertissement pour des gens qui se disent civilisés, et surtout étrange manière de prouver leur prétendue supériorité à ces pauvres sauvages qui, eux,

8. *Les Pays lumineux...*, *op. cit.*, p. 21.
9. *Ibid.*, p. 33.

eussent été incapables d'une brutalité pareille [10]. » Mais d'un bord ou de l'autre, toutes sont impressionnées par leur apparence, et l'on découvre ainsi comment ces malheureux sont marqués dans tout leur corps et leurs traits par le sort qu'on leur fait : « J'avoue, écrit Adèle Toussaint-Samson, que [...] leur front bas et déprimé, leurs yeux injectés de sang, leur énorme bouche aux lèvres bestiales, aux dents écartées comme celles des fauves, ainsi que leur nez épaté, ne m'ont paru jamais constituer qu'un type fort laid [11]. »

En revanche, les voyageuses qui rencontrent des Noirs en hommes libres dans leurs pays vont souvent relever leur beauté, leur allure, tels les Nubiens, les Carolins ou les Cap-Verdiens : « À chaque pas, écrit Lina Beck-Bernard, nous sommes frappés de l'élégance des attitudes, de la beauté des épaules, des cols, des pieds, de l'ovale parfait des visages et de l'expression aimable et intelligente de ces figures noires [12]. » Arrivant en Martinique vingt ans après l'abolition de l'esclavage, Adèle Hommaire de Hell médite la leçon de la liberté : « Rien ne prouve mieux les bienfaits de la civilisation que le changement physique et moral dont les Noirs de la Martinique et de la Guadeloupe offrent l'exemple. Sortis de leur abrutissant esclavage, ils se sont trouvés dans un courant d'idées et d'impressions qui a dû nécessairement modifier le masque du visage [qui] de brute qu'il était devient humain [13]. »

Mais ce qui étonne par sa force, même censurée car elle met en cause le comportement des Blancs, c'est l'angoisse des voyageuses face au métissage. Son existence, qui signe pour elles la dépravation du Blanc, choque. Le mélange des sangs est une menace : « Ce qui

10. « Voyage aux mines de diamants dans le sud de l'Afrique », *op. cit.*, p. 307.

11. *Une Parisienne au Brésil*, *op. cit.*, p. 47.

12. *Le Rio-Paraná...*, *op. cit.*, p. 35.

13. *À travers le monde...*, *op. cit.*, p. 216.

est effrayant surtout, dit Adèle Toussaint-Samson, c'est la race mulâtre. Il est évident que c'est elle qui est appelée à gouverner le pays un jour[14]. » Pour la très raciste Marie de Grandfort, l'union d'un Blanc et d'une mulâtresse est « le plus grand des crimes dans tous les pays, une bestialité ». Les Noirs, tant qu'ils ont des enfants noirs nés de deux parents noirs, ne franchissent pas la démarcation, mais les métis rendent incontrôlables les places respectives dans la société et sont bannis des milieux blancs. « Jamais le mulâtre ne franchira la porte d'une famille blanche, écrit Adèle Hommaire de Hell. [...] On n'a jamais pu me citer aucun exemple de mulâtre ayant épousé une Blanche[15]. » Et quand les Noirs libres et enrichis ou les métis adoptent les comportements du Blanc, comme ceux que rencontre Mme Bourbonnaud dans les wagons pullman, alors c'est l'effroi !

L'esclavage musulman, tellement flagrant en Afrique et en Orient, ne révolte pas outre mesure les voyageuses, qui se donnent beaucoup de mal pour en justifier l'humanité. À l'époque du colonialisme, des empires industriels et du catholicisme puissant, le paternalisme est une valeur sûre qui justifie l'équation dépendance-assurance : à quoi bon la liberté quand on a la sécurité ? Valérie de Gasparin est une des rares à s'indigner du phénomène et de la tolérance avec laquelle il est accepté. Le fait que des femmes turques, et parfois de grandes dames, gagnent de l'argent en revendant des jeunes filles vous révolte ? « Eh bien, le grand calme que conservent quelques chrétiens d'Orient en présence de tels faits vous indignerait mille fois plus[16]. »

Les Indiens d'Amérique ? Leur image auprès des voyageuses est contrastée. Olympe Audouard a une

14. *Une Parisienne au Brésil*, *op. cit.*, p. 76.
15. *À travers le monde...*, *op. cit.*, p. 304.
16. *À Constantinople*, *op. cit.*, p. 363.

position aux relents génocidaires : « La destruction de ces sauvages n'avance pas aussi vite et surtout aussi facilement qu'on veut bien nous le dire [17]. » Mais pour Mme Roncayolo : « Au Venezuela, la race indienne est toujours la plus nombreuse. Dans toutes les classes de la société, les Indiens tiennent leur place et leur situation va s'élevant tous les jours. Aussi ne serait-il pas surprenant de voir cette race injustement opprimée reprendre peu à peu possession des droits qui lui ont été enlevés par la force [18]. »

Fanny Loviot, Jeanne Goussard de Mayolle et Mme Grandin, tout en les craignant car ils sont dangereux pour le voyageur, sont choquées de la dépossession sans merci que les États-Unis leur imposent, les réduisant à l'affrontement. Thérèse Bentzon, visitant une école pour les Indiens, évoque leur évolution vers le standard américain : « [Le directeur] me montre ses ingénieuses photographies comparatives où sont marqués les progrès du type humain abruti ou féroce au début, sculpté ensuite par l'initiation lente à des mœurs plus douces. Si l'on monte ainsi jusqu'à la classe des gradués de 1890 ou de 1894, on voit une réunion de jeunes gens des deux sexes qui ne serait déplacée nulle part [19]. » Ce qu'elle ne sait pas, c'est que le dressage impérialiste entraîne une mortalité considérable parmi ces enfants indiens enlevés de force aux familles, physiquement et culturellement parlant, et que « les gradués de 1894 » sont des survivants. Le musée de Phoenix, en Arizona, expose aujourd'hui des photos de la vie d'alors dans ces écoles. On y voit, par exemple, la séance chez le coiffeur où sont coupés les longs cheveux des garçons indiens. Les nattes, marque identitaire inviolable pour l'Indien, traînent au sol, et le même cliché qui illustrait

17. *À travers l'Amérique. Le Far West*, *op. cit.*, p. 171.
18. *Au Venezuela...*, *op. cit.*, p. 204.
19. *Notes de voyage. Les Américaines chez elles*, *op. cit.*, p. 311.

pour Thérèse Bentzon l'avancée de la « civilisation » montre à nos yeux d'aujourd'hui une scène honteuse.

Mais une fois encore, il est plus facile de se déplacer dans l'espace de son époque que dans le temps, et les voyageuses qui avec leurs récits trouvent l'occasion exceptionnelle d'exprimer un jugement politique n'ont bien sûr que des idées ambiantes à exprimer, les meilleures comme les pires. Le mérite de celles qui s'effraient de la misère, de la violence, de l'inégalité et des injustices, de celles qui sont simplement tolérantes en est d'autant plus grand. À commencer par les quelques Françaises qui reconnaissent au moins la souffrance de l'autre, dont la négation générale impressionne. L'attitude d'Élisabeth Vigée-Lebrun à Moscou fournit un exemple de cette insensibilité cruelle : « On met deux [petits garçons] pour conduire huit chevaux. Et c'est une chose curieuse de voir ces petits bonshommes, vêtus assez légèrement, et quelquefois même de leur chemise tout ouverte sur leur poitrine, rester gaiement exposés à un froid qui ferait périr un grenadier prussien [20]. »

20. *Souvenirs de Mme Louise-Élisabeth Vigée-Lebrun*, *op. cit.*, p. 314.

XXVI
Le tourisme

> Les grues elles-mêmes, pour partir, se mettent en ordre. Un voyage doit se préparer avec méthode.
>
> Paul MORAND.

Blanche Lee Childe fait du tourisme parce qu'elle souffre de phtisie. Les climats chauds lui sont nécessaires, et c'est ainsi qu'elle part en Égypte et en Tunisie en 1882 et 1883. Fille d'un grand sculpteur, le baron Henri de Triqueti, créateur, entre autres, des portes de bronze de l'église de la Madeleine à Paris, elle a fait un mariage malheureux dont l'époque lui interdit de rompre les liens. Quand elle tombe amoureuse d'Edward Lee Childe, homme de grande culture, ami de Mérimée et neveu du fameux général sudiste Lee, il l'enlève et ils vivent en concubinage jusqu'à ce que la mort du conjoint, en 1868, leur permette de se marier. Riche héritière, Blanche s'installe au château de Perthuis, dans le Gâtinais, où Henry James séjournera plusieurs fois, l'observant en châtelaine visitant ses pauvres, « occupation aussi charmante que la lecture d'un chapitre des romans champêtres de George Sand ».

Amie de Pierre Loti, Blanche Lee Childe publie ses propres récits de voyage avec des textes de celui-ci dans *La Revue des Deux Mondes*. Quand la tuberculose l'emporte, le 28 février 1886, Edward, l'Américain que le destin a fait le seul héritier d'une lignée d'aristocrates français, est si désespéré qu'il met tout en vente, dispersant une bibliothèque de quatre mille ouvrages ; il est sur le point de rentrer aux États-Unis diriger une université quand il rencontre la fille d'un diplomate français avec laquelle il se remarie. Les récits de Blanche ne sont peut-être pas à la hauteur d'une telle aventure romanesque mais, bien écrits et très personnels, ils révèlent une auteure ouverte et généreuse.

Blanche Lee Childe voyage avec les Guides Joanne, ancêtres du Guide bleu, apparus en 1841 parallèlement au développement du chemin de fer et du tourisme intérieur, et qui seront diffusés par la librairie Hachette à partir de 1861. Dans le grand marché du voyage qui s'est ouvert comme une guerre de conquête avec son général, le célèbre Cook, ses troupes de touristes, sa logistique de trains, bateaux et hôtels, les Anglais ont sous le bras le guide Murray, les Allemands le Baedecker, les Français le Joanne. Prévus pour faciliter la circulation dans le labyrinthe des démarches, des itinéraires, des horaires – à l'insatisfaction, toutefois, de Blanche Lee Childe qui se plaint des « gares et embranchements inexistants » –, ils modèlent le tourisme. Ainsi, en Afrique du Nord, ils privilégient le monde antique et les trésors archéologiques, si bien que des récits des Françaises il ressort une Tunisie plus romaine que musulmane. Le somptueux patrimoine antique de ce pays n'a pas de secrets pour elles. Malgré tout, les grandeurs de l'Islam ne sont pas négligées et la ville de Kairouan, par exemple, les laisse tout émerveillées, chacune ayant la certitude d'être la seule à avoir eu l'autorisation de pénétrer dans la partie sainte.

En fait, les voyageuses isolées s'appuyant sur leurs bibles touristiques et trouvant elles-mêmes leur gîte sont rares : Blanche Lee Childe, Mme Bourbonnaud et certaines excursionnistes en Algérie dont les motifs de déplacement ne sont pas clairement identifiables.

Nombreuses, en revanche, sont celles prises en charge par des structures de groupe, comme les pèlerines, comme Louise Colet à l'inauguration du canal de Suez, pour laquelle toute la machine touristique est réquisitionnée, comme Mme Dor et son congrès à Alger, comme Lucie Félix-Faure Goyau et sa délégation officielle en Algérie. Et comme Léonie Meunier, qui signe Mme Stanislas Meunier : elle accompagne son mari à un congrès de géologie qui se continue sur le terrain entre Saint-Pétersbourg et le mont Ararat. Là, en 1897, sur les pas des Chantre qu'elle évoque souvent, en Russie, dans le Caucase, en Arménie, à Tiflis, Erevan et Bakou, il est plus souvent question de banquets et d'excursions que de science. Au musée de l'Ermitage, Mme Meunier a un commentaire d'anthologie devant un Rubens : « Je dirais de *Marie-Madeleine* qu'elle imite celle de M. Béraud, si cet intelligent artiste ne lui était bien postérieur [1]. » Construit sur le modèle presque général de l'exposé exhaustif et linéaire du programme journalier, et cependant d'une lecture particulièrement agréable, son récit a le triste privilège d'un fait divers dramatique : un jeune savant membre du groupe, parti seul sur les pentes du mont Ararat, ne reviendra pas. Deux autres collègues dont il s'était séparé sauveront leur vie de justesse, perdus une nuit entière dans les neiges d'altitude.

Dans ces voyages de groupe, la découverte de mondes nouveaux s'opère sur un schéma d'excursions. Contrairement aux périples aventureux de Fanny Loviot et Jeanne Goussard de Mayolle, où tout est confrontation à l'inconnu – chaque nuit, chaque jour, chaque kilomètre, chaque installation, chaque rencontre –, le tourisme organisé n'est qu'une alternance de découverte encadrée et de retour à une base sûre. La formule a connu depuis le

1. *De Saint-Pétersbourg à l'Ararat*, Paris, May, 1899, p. 17.

succès que l'on sait, et les croisières l'ont portée à la perfection.

La question du guide touristique prend un tour séduisant à la fin du siècle avec le récit de Mme F. Michel au Cachemire. Ce voyage n'est pas son premier dans le pays, si bien que, très informée grâce à un esprit pratique sans failles, elle rédige un témoignage qui constitue un véritable guide. Tout y est, de l'incitation aux renseignements pratiques. Son séjour tel qu'elle le raconte – on devrait plutôt dire tel qu'elle le « conte », tant il est enchanteur –, se déroule dans des paysages de rêve, des villes pittoresques, de beaux monuments, un climat délicieux, la sécurité la plus totale et le confort de tentes bien aménagées avec l'assistance de tout un personnel nécessaire à un si haut niveau de raffinement. Qui n'aurait envie de camper sous les abricotiers du Cachemire ou de déambuler sur les sentiers d'une merveilleuse campagne en fleurs, « aux collines couvertes de pivoines arborescentes où jaillissent une dizaine de sources qui forment, limpide et fraîche, une petite rivière[2] » ?

Mais son projet est tellement tourné vers l'information pratique qu'elle se sent tenue de justifier ces descriptions : « Si, çà et là, se mêlent quelques impressions, on pardonnera celles-ci en faveur de celles-là. Pour commencer, Srinagar n'est qu'à vingt jours de Marseille et à moins de 2 000 francs de Paris. Comptons : les paquebots des Messageries maritimes vous conduiront en quinze jours et pour 1 300 francs jusqu'à Bombay. De Bombay, le train express vous mènera en soixante-quatre heures vingt-cinq minutes jusqu'à Ravalpindi et vous paierez, en première classe, 93 roupies 9 annas, soit, au taux actuel de la roupie, environ 160 francs. En courant ensuite la poste, vous atteindrez Srinagar en deux jours. Une place dans le

2. « L'été au Kashmir », *Le Tour du Monde*, 1905, I, p. 29.

courrier se paie 45 roupies, une voiture spéciale revient à 130[3]. » Mme Michel remplit scrupuleusement sa mission, distribuant de précieux conseils sur le matériel à acheter – par exemple les tentes du modèle « cottage suisse » –, le mobilier de camp, les gages à verser aux employés, leur recrutement dans la même caste pour éviter les conflits entre eux. L'horaire des trains est fourni avec le prix des œufs ou de la viande et l'adresse où se procurer les conserves. L'effet guide joue à plein, on ressent une impatiente envie d'entreprendre ce voyage-là, de faire étape dans ces campements de luxe avec majordome !

« À toute heure, le cri de *"Koï hai !"* trouvera le *khitmatgar* prêt à répondre, empressé et ingénieux, et tenant sur l'épaule la serviette qui est comme l'insigne de sa charge. Veillez seulement à ce qu'il en change souvent ! C'est avec elle qu'il essuie l'assiette qu'il vous apporte, avec elle qu'il époussette, à l'occasion, vos vêtements et vos chaussures, avec elle qu'au matin, faisant votre lit, quand vous avez dormi trop près d'un village, il chasse à petits coups bienveillants les puces à demi asphyxiées par la poudre de pyrèthre dont il eut soin, la veille, de saupoudrer vos draps[4]. »

3. *Ibid.*, p. 1-2.
4. *Ibid.*, p. 3.

XXVII

Souffrance

> La neige tombe, le flot roule,
> L'air est glacé, le ciel est noir ;
> Le vaisseau craque sous la houle
> Et le matin se mêle au soir.
>
> Louise MICHEL.

Si certains voyages ont été merveilleux ou douloureux de bout en bout, d'autres ont connu des épisodes tragiques qui font de plusieurs femmes des rescapées quand les maladies, les accidents, les violences ont frappé juste à côté d'elles. Jeanne Goussard de Mayolle a dû se battre à l'arme à feu contre les Indiens, Fanny Loviot, capturée par les Chinois, a risqué tous les périls. Mme de Noirfontaine a échappé à Alger à une terrible épidémie de choléra. Pendant le séjour des Hommaire de Hell à Constantinople, la peste s'est installée dans la cité, peste que les Chantre croiseront dans le Caucase, les Dieulafoy en Perse et Suzanne Voilquin au Caire, où l'épidémie décimera la communauté des saint-simoniens. À l'autre bout du monde, au Venezuela, Mme Roncayolo contracte la fièvre jaune, comme les Toussaint-Samson et leur bébé de dix-huit mois à Rio de Janeiro, sans personne pour les aider alors que succombent dix-sept des vingt-huit passagers qui avaient fait la traversée avec eux. La population de la ville est décimée, comme aussi celle de Bahia vers la même époque, pendant le séjour de Mme Lenglet-Dufresnois. C'est au retour de son voyage au Soudan que le paludisme manque de tuer Raymonde Bonnetain. Suzanne Voilquin contracte la typhoïde en Russie, où sa belle-sœur meurt du choléra.

Les épidémies croisent le chemin de toutes les voyageuses et les laissent à chaque débarquement sous la menace d'une quarantaine. Cette mesure sanitaire et le dispositif de lazarets sont la seule protection devant l'importation de fléaux tels que le choléra à Calais en 1832 ou la fièvre jaune à Saint-Nazaire en 1861. Car l'histoire des maladies double l'histoire des voyages en ce siècle de mondialisation intense où un habitant de la planète sur dix vit, selon ou contre son gré, hors de son pays natal. Bien que la médecine fasse des découvertes considérables avec les débuts de l'asepsie, de l'anesthésie, de la vaccination, les découvertes de Pasteur sur la propagation des maladies ne modifieront les comportements sanitaires que vers la fin du siècle et dans les pays industrialisés.

Entre-temps, depuis les années 1830, à la suite des épidémies de choléra, les voyageuses sont informées de l'importance de l'hygiène personnelle, du danger des eaux sales et des lieux mal tenus, mais elles ne pourront rien devant la saleté qu'elles vont côtoyer dans ses états extrêmes. À Sousse, en Tunisie, Anne de Voisins d'Ambre évoque « la malpropreté hideuse, repoussante des rues [...] si couvertes d'ordures que le sol en est mamelonné et que les pieds y enfoncent dans des élasticités à faire frémir les plus aguerris, et dont il s'échappe des émanations pestilentielles [1] ». À Bangkok, pour Isabelle Massieu, « le cœur se soulève rien qu'à voir les détritus et les immondices amoncelés dans tous les coins [2] ». À l'autre bout du monde, sœur Perroton a

1. *Excursions d'une Française dans la régence de Tunis*, *op. cit.*, p. 131.
2. *Comment j'ai parcouru l'Indochine...*, *op. cit.*, p. 57.

droit au même genre de spectacle : « On ne peut rien imaginer de plus sale que les maisons futuniennes[3]. » Même à New York, Olympe Audouard mentionne le cadavre d'un cheval laissé trois jours devant sa porte dans la 23e Rue, quartier chic.

Les fièvres terrassent à répétition les voyageuses en Inde, en Europe orientale, en Afrique, en Amazonie. Sœur Perroton souffrira d'éléphantiasis pendant les quinze dernières années de sa vie. Mais il y a celles que les épidémies ou les maladies parasitaires ont carrément tuées, telles Christiana Coillard, Jane Dieulafoy, Henriette Renan et Lise Cristiani.

Rose de Freycinet sur la frégate de la Marine royale, Fanny Loviot dans les mers de Chine, Charlotte-Adélaïde Dard sur la *Méduse* ont échappé de peu à la mort par naufrage. Les accidents ne manquent pas : Olympe Audouard s'enfonce dans des sables mouvants, Léonie d'Aunet évite d'un cheveu la chute de sa voiture dans un précipice, Mme Lenglet-Dufresnois est presque noyée en Amazonie. Mme Jacolliot affronte en Inde un cyclone, tout comme Mme Roncayolo au Venezuela, qui se retrouve avec une barque coincée à l'intérieur de sa maison dévastée.

Le danger est aussi dans la présence des tigres, lions, jaguars, hyènes, serpents, crocodiles, et le supplice dans la multitude infinie des très petits animaux, vermine et poux qui, dans les caravansérails, certains hôtels, certaines cabanes ou tentes gracieusement offertes, peuvent imposer un enfer. La torture infligée par les moustiques est peut-être la plus générale. Léonie d'Aunet s'en plaint beaucoup en Laponie, de même que Catherine de Bourboulon en Sibérie occidentale : « Je dirai qu'il y a la plus riche collection de diptères suceurs depuis la tipule grosse comme une tête d'épingle au maringouin à ailes noires et au taon doré, qui ont

3. Claude Rozier, *Marie-Françoise Perroton...*, *op. cit.*, p. 45.

plusieurs pouces de long et sont armés de trompes, de suçoirs et de lancettes formidables[4]. » Sur le bateau qui la mène de Saigon à Bangkok, Isabelle Massieu se réveille, dans une cabine infestée de moustiques, avec trois cancrelats installés dans les cheveux, chacun de la taille d'une écrevisse !

Il ne faudrait pas oublier parmi les agents persécuteurs l'omniprésent mal de mer, qui plonge tant de passagères dans l'agonie. Autre bonne contribution au danger quotidien : le froid ou la chaleur extrêmes. Jane Dieulafoy, obligée en Perse d'avancer de jour à cause des lions, doit supporter des températures de cinquante-quatre à soixante-sept degrés. « Il me semble par moments, dit-elle, être coiffée d'une calotte de fer rouge. Soudain, je me sens frappée à la nuque ; la sensation de la mort m'est venue nette, sans autre angoisse qu'une horrible douleur de tête... et je tombai comme une masse[5]. »

Il faut cependant garder en mémoire que la vie des ouvriers de la florissante industrie du XIXe siècle est encore beaucoup plus exposée. Dans les houillères du Creuzot, par exemple, les hommes travaillent de douze à seize heures par jour, le travail des enfants est légal à partir de leur huitième année, et en 1870 l'espérance de vie y est de vingt-cinq ans.

Il est justement une « voyageuse » qui a lié son sort à la triste condition des ouvriers de l'époque : c'est Louise Michel, dont le retour, au bout de dix ans de déportation, a fait vibrer les notes de *La Marseillaise* dans la gare Saint-Lazare où Clemenceau et Louis Blanc étaient venus accueillir la proscrite. Jules Vallès, Marie Ferré, fille d'un compagnon de lutte exécuté, et elle-même cachaient sous leurs manteaux les cinq chats qui avaient

4. « Relation du voyage de Shanghai à Moscou », *op. cit.*, 1865, I, p. 266.
5. « À Suse. Journal de fouilles », *op. cit.*, 1888, I, p. 78.

partagé son exil et fait avec elle le long voyage depuis Nouméa.

Révolutionnaire condamnée à dix ans de déportation pour sa participation à la Commune, rescapée des combats et du peloton, elle avait été déportée en 1873 vers la Nouvelle-Calédonie sur le *Virginie*. Un voyage de cinq mois particulièrement éprouvant : mal de mer, bien sûr, mais aussi froid intense succédant aux chaleurs tropicales, et scorbut. Louise en parle à sa manière : « Je n'avais voyagé que de Chaumont à Paris ; la mer fut pour moi le plus beau des spectacles, quoique les gravures, les récits et surtout mon imagination m'eussent blasée dès l'enfance sur l'océan. Un voyage de long cours sur un vaisseau de guerre, je n'aurais jamais osé rêver pareille aubaine. Il est vrai que cela nous coûtait cher, les nôtres par milliers tombés dans l'hécatombe et nos mères qui ne croyaient plus nous revoir[6]. » Il y a beaucoup d'elle dans ces quelques lignes : le courage, le refus de se poser en victime, la volonté de construire là-bas une vraie vie, la douleur permanente de faire souffrir sa mère.

Institutrice de métier, la proscrite s'intéresse de façon savante à la flore de Nouvelle-Calédonie, donne des cours aux Canaques, rédige un lexique de leur langue, recueille chants et légendes. Le courage et la générosité de cette attitude tranchent avec les comportements des Français qui ne voient dans la population locale que des cannibales, les pillent et les désespèrent. Pendant le séjour de Louise Michel, une révolte canaque est réprimée dans le sang et par l'incendie des forêts où ils ont trouvé refuge. Alors que la plupart des déportés approuvent la répression, elle la dénonce dans des articles qu'elle envoie à Paris.

L'époque la vénère ou la hait. Victor Hugo est de « Ceux qui savent tes vers mystérieux et doux / Tes

6. *Mémoires* [1886], Paris, La Découverte, 2002, p. 193-194.

jours, tes nuits, tes pleurs, donnés à tous / Ton oubli de toi-même à secourir les autres [7] », alors qu'un certain Jehan des Estrivières proclame : « Nous la croyons capable de tout et même, comme une louve affamée, une hyène implacable, une tigresse assoiffée de sang, de tuer comme des chiens ses meilleurs amis [8]. »

---

7. *Viro major*, décembre 1871.

8. *Les Amazones du siècle*, Saint-Amand, Destenay, 1882, p. 7.

XXVIII
Les fratries

Peut-être ne s'en va-t-elle pas aussi loin
Que vous qui restez l'imaginez.

Emily DICKINSON.

« Le signal d'enlever le pont d'embarquement va être donné : nos chères Mères sont obligées de quitter le vapeur. Longtemps nous restons à nous regarder sans pouvoir échanger de paroles. [...] Le navire s'éloigne. Peu à peu, les chères cornettes disparaissent[1]. » N'échappant pas au sort commun, sœur Marie Saint-Gautier, en route pour la Colombie, éprouve la tristesse du départ, tout comme Jeanne Goussard de Mayolle en partance pour le Nouveau-Mexique : « Que les forts rient et se moquent ; mais il se fait là chez les faibles, à cet instant précis où l'horizon vous échappe, une atroce déchirure non ressentie ailleurs. C'est l'arrachement à tout ce que vous avez aimé, l'adieu définitif au sol natal, aux souvenirs d'enfance, de jeunesse, du bon temps ; c'est le premier pas dans l'irrémédiable, l'incertain, l'inconnu, donc l'effrayant[2]. »

Sœur Marie Saint-Gautier, de l'ordre missionnaire de la Présentation de Marie, Suzanne Voilquin,

1. *Voyage en Colombie de sœur Marie Saint-Gautier, assistante des sœurs de charité de la Présentation de la Sainte Vierge, de novembre 1890 à janvier 1892*, Tours, Imprimerie Barbot-Berruer, 1893.

2. *Une Française chez les sauvages*, *op. cit.*, p. 8.

saint-simonienne partie rejoindre le père Enfantin en Égypte ou Louise Bachelet, disciple de Charles Fourier en visite dans un phalanstère au Brésil, ont en commun des voyages de foi qui les emportent dans un lieu faussement lointain parce qu'il s'agit d'un foyer avec des pères, des mères, des frères et des sœurs. Pour elles, pays ou personne, il n'y a guère d'étranger, il n'y a que l'espace consacré à la fraternité. La contrée réelle, la Colombie, le Brésil ou l'Égypte, ne fait que prolonger l'espace communautaire et n'existe guère derrière la réalité première du clan.

Dans tous ces récits, le style est fortement marqué par l'idéalisation des relations humaines. Suzanne Voilquin ne parle que du « bon » père Enfantin et des « bons » disciples, adjectif dont sœur Marie Saint-Gautier use à profusion, comme de tout le vocabulaire voisin : le « bon » docteur Célédon ; « notre excellent capitaine » ; « notre chère sœur Léonie » ; « J'apprends l'heureuse nouvelle de l'arrivée de M. Herrera » ; « J'ai le bonheur de retrouver sœur Gertrude », « Nous sommes accueillies avec bonté » ; « Les habitants viennent voir leur bon curé », etc.

Sœur Marie arpente la Colombie de congrégation en orphelinat, d'hôpital en collège et en noviciat, et si elle fait un brin de tourisme, ce n'est qu'avec l'accord de sa supérieure. Le pittoresque vient quand même à elle, telle cette messe de Noël à Horta à laquelle les femmes assistent en mantilles et robes blanches, roses, bleues – office ponctué de salves de fusil, de fusées, de musiques païennes, de carillons, avec canonnade de pétards à l'élévation. Les déplacements dans la boue et les inondations permettent aussi à sœur Saint-Gautier d'exprimer son humour : « Il est bon d'ajouter que ce ne sont pas les sœurs qui inquiètent le vieux péon mais plutôt sa mule, dont il consentirait avec peine à s'éloigner, tant il craindrait qu'elle fût mal sellée ou traitée brutalement[3]. » Et qui n'aurait envie de sourire en imaginant ce cortège de religieuses : « Nous avons quitté les bois, le soleil est brûlant ; comme nos mulets ne veulent pas supporter que nous ouvrions un parapluie, nous y suppléons par de larges feuilles assujetties sur nos têtes et souvent renouvelées qui nous préservent d'un funeste coup de soleil[4]. »

Suzanne Voilquin, née en 1801, a connu dans son enfance une phase de piété intense et son attachement au saint-simonisme, plus précisément à la secte du père Enfantin, sera de cette nature. Elle est encore très jeune quand sa mère, en un geste étrange, peu après avoir accouché de sa petite sœur Adrienne, lui « donne » l'enfant. En 1821, les deux sœurs travaillent comme brodeuses pour un salaire de misère. Entre-temps, la mère est morte d'un cancer de femme dont elle n'avait pas osé parler au médecin, ce qui comptera beaucoup dans la vocation médicale de Suzanne, future sage-femme. Sa vie privée est marquée de lourds traumatismes : après dix mois de vie commune, son compagnon d'union libre l'abandonne brutalement, puis Voilquin, qu'elle épouse quelques années plus tard, néglige de l'informer de sa syphilis. Elle impute à cette maladie les fausses couches successives qui l'empêcheront de réaliser son désir d'enfant. Son jeune frère, emprisonné comme ouvrier récalcitrant, mourra au lendemain d'une détention particulièrement dure, après avoir confié sa petite fille à Suzanne, qui l'élèvera.

En 1833, Voilquin l'ayant quittée pour fonder un autre ménage, elle décide de rejoindre Prosper Enfantin qui s'est installé en Égypte, terre d'expérience pour les saints-simoniens. Le percement du canal de Suez est une idée à eux ; ils prônent le développement des chemins de fer et des canaux pour démultiplier la

3. *Voyage en Colombie…*, *op. cit.*, p. 209.
4. *Ibid.*, p. 210.

communication entre les hommes. La doctrine, humaniste et généreuse, se fonde sur la modernité, l'industrie, la banque, les intellectuels, les architectes, les ingénieurs et les savants. Constitutive du socialisme français, elle annonce la grande effervescence politique du XIXe siècle : Proudhon, Bakounine, Marx et Engels fonderont la Première Internationale des travailleurs en 1864.

Accueillie au consulat d'Alexandrie par Ferdinand de Lesseps, alors vice-consul de France que Prosper Enfantin va gagner à ses idées, Suzanne Voilquin prend aussitôt le chemin du Caire. La navigation sur le Nil l'enchante. Elle voit les femmes se baigner dans le fleuve, nues mais avec leur voile ! Elle aura d'autant plus de mal à réaliser la rigueur de leur séquestration en ville. Accueillie par Enfantin et Lambert, ingénieur et disciple du premier rang, elle connaît le soir même « l'extase délicieuse du haschisch » mais se réveille si mal en point qu'elle s'en tiendra là.

Le 20 février 1835, les saints-simoniens du Caire pleurent leur premier mort de la peste. L'épidémie dure des mois. Suzanne, qui n'a pas quitté la ville, contrairement à la plupart des disciples, vivra l'hécatombe de bout en bout en travaillant auprès d'un médecin, le docteur Dussap, qui lui-même y laissera la vie. Tout en exerçant la tâche de blanchisseuse de la communauté, elle apprend des rudiments d'arabe et étudie la médecine, pour laquelle elle s'est découvert une vocation. Elle se met au service de la santé des femmes et espère de toutes ses forces obtenir un poste à l'hôpital. En vain. C'est tout de même avec une qualification de sage-femme qu'elle rentre en France en 1836. En quarantaine au lazaret de Marseille, elle médite tristement sur son échec et celui de Prosper Enfantin, le mouvement ayant périclité – mais non sans avoir jeté les bases d'un développement technologique qui aboutira à la construction du canal de Suez.

On dit de Suzanne Voilquin qu'elle a apporté avec le récit de son séjour au Caire un témoignage majeur sur les saint-simoniens en Égypte, mais c'est exagérer la qualité de son ouvrage sur ce plan. Ses informations factuelles et révérencieuses montrent qu'elle est dans le culte, abeille dévouée et prosélyte, et à l'écart du débat d'idées. On sait qu'elle a été enceinte sans pouvoir encore une fois mener sa grossesse à terme, mais a-t-elle connu avec les hommes de la communauté des relations enfin égalitaires ? On peut en douter devant l'amertume de la militante lorsqu'elle constate que l'homme est prêt à lutter pour la libération « des esclaves ou des Polonais » mais pas pour celle de « la deuxième moitié de l'humanité ». Dans *Le Globe* du 28 novembre 1831, Enfantin écrivait : « Notre apostolat ne peut être exercé que par les hommes. [Les femmes sont] les égales les unes des autres en attendant que chacune devienne l'égale de l'homme. » La liberté sexuelle qu'il prônait avait donc tout pour être plus favorable aux hommes qu'aux femmes, aux gourous qu'aux émules. Malgré tout, on comprend que certaines voyageuses telles que Flora Tristan aient trouvé émancipateur le saint-simonisme, ce mouvement sans haine ayant le monde pour horizon et soutenant la liberté des peuples.

Devant la difficulté qu'elle rencontre dans l'exercice de son métier de sage-femme et ses embarras financiers, Suzanne Voilquin s'installe en 1839 en Russie où elle reste jusqu'en 1846 : « Ces sept années ont été pour moi une longue agonie[5]. » Là encore, son récit, consacré à ce qui la préoccupe – se faire reconnaître comme sage-femme et trouver du travail –, a du mal à donner de la visibilité à la société dans laquelle elle évolue. De son séjour ultérieur aux États-Unis on ne sait rien.

Plus que mystique, carrément exaltée, Louise Bachelet part en 1840 de Montevideo pour visiter un

5. *Mémoire d'une saint-simonienne en Russie*, *op. cit.*, p. 85.

phalanstère fouriériste au Brésil où vivent une centaine de colons d'origine lyonnaise : « Cette nature noble et luxuriante du Nouveau Monde est si bien en harmonie avec le développement de la pensée phalanstérienne ! Elle est si abondante en espérances et en promesses ! Je m'y trouvais en compagnie d'hommes si courageux et si confiants que, malgré les terribles épreuves d'un austère noviciat, je m'abandonnais sans réserves à toutes les impressions que me causait la vue de ce coin de terre promis à de si hautes destinées[6]. » Quand elle arrive dans la presqu'île de Saí, l'érotisation de ses croyances ne prend pas de détours : elle « baise le sol » et l'excès de bonheur lui fait « perdre les sens ».

Observant les hommes qui défrichent, ensemencent, elle a des bouffées d'euphorie : « Ne vous arrêtez pas, fourmis laborieuses, de nouveaux essaims vous arrivent ; soyez au niveau de votre mission et que la divine abondance accueille dans quelques mois les candidats du premier phalanstère[7]. » Ignorant que l'entreprise est déjà condamnée, elle trouve une heureuse image pour dire sa confiance : « Je m'en remets au pilote de la marche du navire ; il veille pendant que je dors, il mesure à chaque voile la portion de vent qui lui est nécessaire. Il y a dans le ciel une étoile que je ne vois point et sur laquelle il règle notre course[8]. » Certaines formulations ont cependant des connotations inquiétantes quand elle associe la qualification d'une Europe « agonisante » et la fondation d'un monde nouveau fondé sur un recrutement d'élite : « Quant aux faibles de corps et d'esprit, qu'ils attendent encore, qu'ils laissent à de plus dignes leur part de danger et de gloire, leur part dans le travail et la rétribution[9]. »

---

6. *Phalanstère du Brésil. Voyage dans l'Amérique méridionale*, Paris, sans mention d'éditeur, 1842, p. 13.

7. *Ibid.*, p. 17.

8. *Ibid.*

9. *Ibid.*, p. 20.

XXIX
La philanthropie

> Dans cette maison de souffrance, une lampe à la main, une dame s'avance.
>
> H.W. LONGFELLOW.

Celles qui sont allées aux États-Unis à la fin du siècle, comme Thérèse Bentzon, montrent implicitement comment le champ de la philanthropie devient un espace de pouvoir et de promotion pour la femme, que l'on trouve non seulement à la base mais au sommet des instances caritatives. Parmi les voyageuses françaises dans le monde, beaucoup seront témoins voire agentes de l'action sociale. Isabelle Massieu quitte l'Indochine sur la constatation que les religieuses sont les seules à assurer l'aide que le colonisateur, s'il mettait ses actes en accord avec ses déclarations, devrait apporter au colonisé. Le réseau missionnaire stable et fiable est souvent le seul recours des femmes en matière de santé, d'éducation et de protection contre la prostitution. Jane Dieulafoy témoigne aussi de l'œuvre des missionnaires en Perse, du secours apporté « à tous les malheureux sans distinction de religion ou de nationalité », et de cette éducation donnée aux filles à laquelle, à l'autre bout du monde, sœur Perroton consacre sa vie. La visite de sœur Marie Saint-Gautier en Colombie révèle l'activité intense de sa congrégation : soins aux malades, protection des orphelins, instruction des petites et jeunes filles.

Anne-Marie Javouhey, religieuse fondatrice de l'institut des sœurs de Saint-Joseph de Cluny, est une grande figure de l'humanitaire façon XIXe siècle. Le Concordat de 1801 signé entre Napoléon et le Saint-Siège a jeté les bases d'un début de laïcisation de l'État français, mais les liens resteront étroits jusqu'en 1905 entre le service public et l'Église. Ainsi, c'est l'amiral Duperré, ministre de la Marine et des Colonies, qui confie à sœur Anne-Marie la mission de préparer les esclaves de Mana, en Guyane, à leur prochaine libération, et c'est l'État qui finance.

Si l'on ne lit pas sous la plume d'Anne-Marie Javouhey de révolte explicite contre l'esclavage, on la trouve toujours profondément charitable vis-à-vis des esclaves : « Pauvres gens ! Si vous voyiez leur dévouement, leur joie de sortir de l'esclavage ! Nous avons cent onze enfants au-dessous de douze ans, deux cents femmes de dix-huit à trente ans et deux cents hommes du même âge. Tous les pauvres vieillards demandent à venir mourir près de nous. Que je suis heureuse de pouvoir être utile à un peuple si doux et si généreux [1] ! » En cette année 1835, l'esclavage n'est pas aboli mais la traite est interdite, si bien que les Noirs dont il est question sont ceux qui ont été « confisqués » aux trafiquants. Sœur Anne-Marie expose sa mission : « Ces malheureux devront être préparés par des habitudes religieuses, morales et laborieuses à jouir avec profit, pour eux et pour la société, de la liberté définitive qui sera acquise à la plupart d'entre eux en 1837 [2]. »

Ainsi, pour rendre leur liberté à des gens qui ont été arrachés de leur terre et soumis aux brutalités des colons français, la machine d'État elle-même leur demande de

1. *Pour Dieu au bout du monde*..., *op. cit.*, p. 100.
2. *Ibid.*, p. 92.

se montrer bons croyants et, à toutes fins utiles, les garde encore quelques années à son service. Quant à sœur Anne-Marie, acquise aux valeurs du paternalisme, traitant comme des enfants ceux qui lui ont été confiés, gérant son budget de façon qu'ils rapportent au moins autant qu'ils coûtent, elle se montre cependant d'un dévouement généreux à la cause des esclaves. En 1832, toujours à la demande du gouvernement, elle fonde en Guyane un établissement pour les lépreux.

L'histoire de l'humanitaire, dans laquelle se sont engagées tant d'anonymes, missionnaires, soignantes laïques ou religieuses, au cœur des épidémies et des guerres, ne connaît pas de personnalités françaises comparables aux Anglaises Kate Marsden, secourant les lépreux abandonnés dans la forêt sibérienne, ou Florence Nightingale, fondatrice du métier d'infirmière et qui imposa pendant la guerre de Crimée en 1854 les conditions modernes de soins aux blessés.

Mais à côté de l'action il y a, sur la place des femmes dans l'assistance aux malades, tout un débat qui donne la parole à plusieurs voyageuses. Ainsi, sous la signature d'Anne Gaël, Augustine Girault publie un plaidoyer convaincant en faveur de l'accès des femmes aux diplômes et aux fonctions de médecin. À Alger, argumente-t-elle, quand la femme arabe est malade, c'est l'homme qui se présente à la consultation ; le médecin ne peut guère procéder à un examen et l'accouchement est mené par des matrones ignorantes et brutales. Le tout-puissant Mgr Dupanloup, évêque de la colonie, s'oppose même à ce que les filles entreprennent des études secondaires. Anne Gaël souligne le fait qu'une jeune femme d'Algérie a enfin obtenu le droit de s'engager dans des études médicales. Comme il y en a une autre en France, cela porte le total à deux, alors qu'aux États-Unis six universités assurent la formation et quatre cents diplômées exercent ! Sur le territoire de l'Algérie, les médecins qui acceptent le principe de sages-femmes formées intervenant « dans le harem et sous la tente » demandent « une police médicale sévère » pour que ces éventuelles collègues n'empiètent pas sur leurs droits.

Mais la principale objection des conservateurs, c'est qu'il est impossible de mener de front les contraintes du métier de médecin et le devoir maternel. La réponse d'Anne Gaël en dit long sur les conditions du travail féminin au XIXe siècle : « Que sont les contraintes pour la famille de la femme médecin comparées aux absences journalières de milliers d'ouvrières que le travail appelle au-dehors et tient éloignées de leur foyer douze heures durant, et quelquefois plus. [...] Nous voyons des femmes portefaix, charretiers, porteurs d'eau, balayeurs des rues, faucheurs, moissonneurs, batteurs en grange et pêcheurs de coquillages, des journées entières dans l'eau jusqu'aux genoux[3]. » Son plaidoyer reçoit le soutien d'un médecin de Nantes qui dénonce la permission donnée pendant ce temps aux religieuses d'exercer la médecine et la pharmacie sans contrôle ni formation.

Que les femmes qui dispensent des soins aux malades soient formées et qualifiées est aussi la conviction d'une autre voyageuse en Orient : la comtesse Valérie de Gasparin, protestante suisse née en 1813 et mariée au protestant français Agénor de Gasparin, député ayant associé son nom à l'abolition de l'esclavage. Valérie de Gasparin a fait un voyage au Levant en 1848[4], et quinze ans plus tard à Constantinople. Les récits qu'elle en rapporte, bien écrits comme tous ses ouvrages, montrent un esprit vif et ouvert même si toute sa pensée est vouée au religieux. Comme voyageuse, elle se distingue par son intransigeance sur les droits de l'homme et ses attitudes de piété, par exemple lorsqu'elle fait lecture de l'Évangile

3. *La Femme médecin, sa raison d'être au point de vue du droit, de la morale et de l'humanité*, Paris, Dentu, 1868, p. 28-29.
4. *Journal d'un voyage au Levant*, Paris, Ducloux, 1850.

aux Bédouins. En 1859, elle fonde en Suisse une école normale de gardes-malades.

Sur la question de la laïcisation de l'action sociale, Valérie de Gasparin entre en polémique avec une autre voyageuse protestante déjà évoquée, Lina Beck-Bernard, installée elle aussi en Suisse depuis son retour d'Argentine[5]. L'Église protestante, qui n'a pas l'infrastructure caritative des ordres catholiques, vient de fonder en son sein un « ministère de diaconesses », institutionnalisation du rôle de ces fidèles qui assistent les pasteurs. Valérie de Gasparin y oppose une réaction extrêmement vive[6]. « C'est Rome sans le voile », dit-elle, et on ne peut en effet s'empêcher de voir le modèle catholique derrière le fait que les diaconesses doivent obéissance à une sœur supérieure, ne sont pas rétribuées, portent un uniforme et ont une obligation de célibat. Pour elle qui croit en l'épanouissement de la femme dans le mariage chrétien et dans la vie en société, la charité ne ferait que souffrir de l'isolement imposé à ces femmes. Lina Beck-Bernard, partisane, elle, du corps des diaconesses et partageant à l'évidence le sentiment de Saint-Beuve – « Mme de Gasparin, qui pourtant m'instruit, m'impatiente[7] » –, s'engage dans une vive réfutation, elle que ne gène pas la mise sous tutelle de ces femmes qui se vouent à l'action sociale. Toutefois, au-delà de ce point de polémique, toutes deux suivent, avec beaucoup d'autres, la même ligne : prévention par le soutien aux familles en butte à la pauvreté et à l'alcoolisme du père, patronage des gens fragiles, dont ceux qui sortent de prison. Elles deux partagent cette vision de l'humanitaire du XIXe siècle, née dans le creuset des religions chrétiennes, mêlant au service de l'ordre social charité et surveillance, les femmes se faisant l'instrument idéal du paternalisme.

---

5. Lina Beck-Bernard, *L'Œuvre des diaconesses*, Paris, Grassart, 1855.

6. Valérie de Gasparin, *Des corporations monastiques au sein du protestantisme*, Paris, C. Meyrueis, 1854.

7. *Nouveaux lundis*, Paris, M. Lévy, 1884.

Les Gasparin sont d'ailleurs à l'origine de l'implantation en France, à Sainte-Foy-la-Grande, d'une colonie agricole pour la réinsertion des délinquants. Car le travail agricole est alors un moyen au service de l'ordre. C'est la conviction d'Anne Gaël. S'il n'avait tenu qu'à elle, Louise Michel ne serait allée ni en Nouvelle-Calédonie ni à Cayenne, mais en Algérie. Trop de colons, pense-t-elle, meurent du paludisme. Ils contractent la maladie en défrichant les terres qui leur ont été données contre l'obligation de les mettre en culture. Elle propose donc d'utiliser les condamnés des pénitenciers, hommes et femmes, qui sauveraient ainsi leur âme et peut-être leur corps puisque – et tant pis pour la contradiction – « le travail au grand air, cet air fût-il même imprégné de miasmes, est régénérant[8] ». Des « camps agricoles » peuplés d'orphelins avec d'anciens officiers aux commandes fourniraient la main-d'œuvre nécessaire aux colons qui, libérés du défrichement par les forçats, pourraient se consacrer pleinement à l'agriculture. Enfin, on mettrait aussi à leur disposition la population des « asiles et crèches agricoles » où les enfants abandonnés, filles et garçons, même tout petits, cesseraient de « coûter sans produire ». Ainsi, forçats et enfants des rues ou des orphelinats seraient protégés par la société qui serait à son tour « protégée de leurs méfaits ». Dans son humanisme, Anne Gaël préconise de ne pas diriger trop tôt les nourrissons abandonnés vers l'Algérie, d'installer les asiles, camps et crèches dans des régions saines et pas trop chaudes, et de ne pas exiger plus de huit heures de travail par jour. Son projet n'appelle pas de crédits car la production de travail subviendrait aux besoins. L'ouvrage est publié à la Librairie de la vie morale.

8. *Souvenirs d'Algérie. Quelques idées pratiques sur son défrichement, son assainissement, sa colonisation*, sans lieu, Librairie de la vie morale, 1860, p. 14.

XXX

Les équipages

> Au Grand Mogol en déplacement il fallait trente mille porteurs.
>
> Mme F. MICHEL.

C'est parce qu'elle est dans l'immense Sibérie avant 1850 que Lise Cristiani, parlant des vingt mille kilomètres accomplis, peut dire : « J'ai fait tout ce chemin en brichka, en traîneau, en charrette, en litière, tantôt traînée par des chevaux, tantôt par des rennes, tantôt par des chiens, quelquefois à pied et plus souvent à cheval. » Louise Bourbonnaud, elle, dans son tour du monde civilisé de la fin du siècle, n'enfourchera pas le moindre baudet.

Parmi celles qui avancent non pas « à pied » mais « à pattes », la caravane la plus impressionnante est celle des Bourboulon entre Pékin et la Russie : quatre militaires, un intendant, un jeune Chinois, un médecin, une femme de chambre, un interprète, un cosaque, soixante Mongols, une colonne de chameaux, une calèche pour les dames et neuf charrettes. Aux étapes, c'est une relève de cent chevaux qu'il faut. Plus modeste, Mme Le Ray traverse le désert de Syrie avec « une escorte de vingt-six personnes, parmi lesquelles se trouvaient plusieurs soldats. [...] Trente-six chevaux et bêtes de somme portaient ses cinq tentes, les bagages, la cuisine et les outres[1] ». Ces grandeurs françaises restent néanmoins loin derrière le déploiement de luxe de certaines voyageuses anglo-saxonnes nanties d'un yacht ou d'une domesticité de deux cents personnes.

Toute la gamme des équipages existe entre celles qui pratiquent le campement – transportant le couchage, la nourriture, tout le matériel de vie et de travail dans des voitures – et celles qui avancent légèrement, dormant comme elles peuvent dans les caravansérails, les hôtels, sous n'importe quel toit ou toile. Mais beaucoup combinent les deux systèmes, les étapes de route avec le chargement qui suit et les escapades de tourisme léger. Ainsi Mme B. Chantre, dans le Caucase : ayant quitté sa base pour avancer en phaéton sur une superbe route au milieu des champs de coquelicots, elle atteint, à l'entrée des steppes du Karabagh, « un large ruisseau au moment où un immense troupeau de bœufs et de buffles vient se désaltérer. Sur la rive opposée des centaines de chevaux paissent sur une surélévation du plateau. L'aspect de ces animaux qui, tant bœufs, buffles que chevaux, représentent plusieurs milliers de têtes, tous groupés à cette heure aux abords de leur abreuvoir, produit une impression des plus grandioses. C'est le plus beau spectacle pastoral qui se puisse voir au milieu de cette nature sauvage et solitaire où l'on n'entend pas autre chose que le mugissement puissant des taureaux et le hennissement des étalons[2] ».

Les montures et les voitures légères ajoutent de la liberté à la liberté et permettent un contact plus intime avec le pays. Les ânes et les mules sont particulièrement utiles là où n'arrive plus aucun autre moyen de transport : tous les sites d'Égypte se visitent sur leurs

1. *Voyage aux ruines de Palmyre*, *op. cit.*, p. 1.
2. « À travers l'Arménie russe… », *op. cit.*, 1891, I, p. 392.

dos, comme se franchissent tous les escarpements et se traversent toutes les zones délicates.

La voyageuse se forme à l'équitation sur la bête. Non sans douleurs. « Décidément, constate Adèle Hommaire de Hell, le chameau est la monture la plus détestable du monde. Depuis le moment où l'on se place sur ses épaules jusqu'à celui où l'on descend de ce perchoir homicide, on essuie sans intermittence une suite de secousses si rudes et si imprévues que le corps en est entièrement disloqué [3]. » Quant à Isabelle Massieu, c'est à dos de yak qu'elle va dépasser l'altitude de cinq mille mètres : « Cet animal, généralement noir ou très brun, mené à l'aide d'un anneau passé dans le nez, pousse des rugissements de sanglier, et c'est bien la plus étrange monture pour une amazone [4]. »

L'écart des statuts sociaux, des moyens financiers, des destinations et des projets se traduit en contrastes marqués dans les modes de locomotion. Marie Durand de Fontmagne, qui circule en chaise à porteurs à Istanbul ou vogue sur le Bosphore dans le caïque blanc et or de l'ambassade de France, que font avancer dix rameurs, ne voyage pas comme Mme P. qui, en Afrique du Sud, progresse péniblement pendant des jours et des jours à la vitesse moyenne de cinq kilomètres à l'heure, dans une voiture collective tirée par des mules exténuées, sous une pluie incessante, à travers un pays inondé où l'étape ne fournit que de rares repas et, au mieux, un lit malpropre. Quant à Léonie d'Aunet, en diligence vers l'Europe du Nord, elle subit toutes sortes d'inconforts avant même que la véritable aventure n'ait commencé : « Je me suis assise sur de maigres coussins rembourrés de foin, ayant à ma gauche un Hollandais fumant un cigare et devant moi deux Hollandais fumant de grosses pipes [5]. »

3. *Voyage dans les steppes de la mer Caspienne…*, *op. cit.*, p. 169.
4. « Une voyageuse française au Ladak », *À travers le monde*, 18 juillet 1896, p. 227.
5. *Voyage d'une femme au Spitzberg*, *op. cit.*, p.26.

Mais plus que les voitures, c'est la route qui va déterminer la qualité du voyage, et de ce point de vue le parcours de la même Léonie d'Aunet est symptomatique de l'accroissement des difficultés à mesure que l'on s'enfonce dans des zones peu explorées. En Norvège, elle va commencer à souffrir pour de bon : « On ne contourne pas une montagne, dit-elle, on monte d'un côté, on descend de l'autre, c'est aussi simple que dangereux[6]. » Mais en Laponie c'est le paroxysme : « Les hommes tombaient avec leur charge ; les chevaux, plus lourds, ne trouvaient aucun point solide et disparaissaient dans la boue. On ne peut se faire une idée de nos peines pour parvenir à sauver ces pauvres animaux[7]. » Si la neige permet de filer à travers la steppe dans des traîneaux bien équipés, si les lacs glacés font des itinéraires recherchés, en dehors de la période d'enneigement les voyageuses du début du XIXe siècle en Russie se rompent les os sur des routes pavées de grosses pierres ou de rondins, d'autant que tout attelage est mené à une allure d'enfer par les cochers.

L'avènement du chemin de fer va opérer une véritable révolution dans le confort, la fiabilité des horaires, et surtout la rapidité. En soixante-douze heures, soit à peu près le temps qu'il fallait pour aller de Paris à Marseille en malle-poste, Olympe Audouard gagne Saint-Pétersbourg dans des voitures avec doubles portes, doubles fenêtres, grands poêles entretenant une chaleur de dix-huit degrés, un employé préposé au confort des passagers et des cabinets de toilette ! D'une manière générale, les grandes lignes proposent de très bonnes conditions de voyage. L'Orient-Express, vers Vienne, Budapest et Istanbul, circule depuis 1883 et, moyennant des changements de trains, des lignes

6. *Ibid.*, p. 62.
7. *Ibid.*, p. 233.

nationales emmènent le voyageur beaucoup plus loin, jusqu'au Caucase par exemple. Si, en Amérique du Nord, on peut aller d'un océan à l'autre bien installé dans les pullmans, les lignes secondaires sont en revanche très dangereuses. Jeanne Goussard de Mayolle et Louise Bourbonnaud, l'une entre San Diego et Durango, l'autre entre le Texas et La Nouvelle-Orléans, se plaignent de la chaleur et de la lenteur infernales des trains, mais elles sont surtout pleines d'effroi devant les accidents à répétition.

Quant à la nourriture, même exécrable, sa première qualité en voyage est d'être là. Ce qui n'est pas toujours le cas, quel que soit le pays, au soir des longues étapes qui laissent la voyageuse exténuée et affamée dans le premier gîte venu où elle doit se coucher le ventre vide… et nourrir la vermine. En Norvège, pour Léonie d'Aunet, « on mange aussi peu et aussi mal que possible. […] Le pain norvégien a la forme d'une assiette de porcelaine et il en a presque la consistance[8]. » En Russie, au contraire, la nourriture est riche et variée. Olympe Audouard, quand elle en comprend la raison, ne veut plus s'alimenter que de conserves de petits pois : « [Une amie] m'expliqua qu'en octobre on tuait volailles et gibiers, qu'on jetait dessus de l'eau et qu'on les exposait au froid afin de les faire geler et de pouvoir les consommer pendant l'hiver. "Horreur, m'écriai-je, mais toutes les bêtes que nous mangeons ont donc cessé de vivre depuis octobre[9] !" » De Saint-Pétersbourg à Erevan, et surtout dans le Caucase, les appétits les plus exigeants sont déjà comblés par les entrées, les zakouskis : « toute une ichtyologie marinée, saumurée, fumée », arrosée de vodka et des meilleurs vins, raconte Léonie Meunier, qui note que l'on ne présente même pas d'eau sur les tables. En Arménie, en

8. *Ibid.*, p. 72.
9. *Les Nuits russes*, *op. cit.*, p. 471-472.

Géorgie, en Sibérie orientale, des fruits délicieux accompagnent à la belle saison des mets aux saveurs très appréciées.

Mme Meunier conte une anecdote pittoresque : de la steppe d'Azerbaïdjan à la ville de Bakou où elles seront consommées, les oies innombrables sont conduites à pied. Comme la route est longue, avant le départ on les fait successivement marcher sur un lit de résine puis sur une aire de petits cailloux, et les voilà chaussées pour se diriger vers les casseroles de la capitale ! Les pays musulmans offrent leurs grands plats de mouton, toujours agréables aux voyageuses une fois qu'elles sont accoutumées à ce que chacun y plonge les doigts.

Les bateaux embarquent des réserves de nourriture fraîche. Les paquebots de Louise Bourbonnaud vers les Antilles ou de Laure Durand-Fardel vers l'Orient ont à leur bord des poulaillers et des étables. Isabelle Massieu progresse dans l'Himalaya comme en Indochine avec ses propres troupeaux d'aliments vivants, moutons et chèvres. Les pèlerins de Palestine avancent accompagnés de chasseurs, témoigne Léonie de Bazelaire. Au Kamtchatka, « pays de cocagne » pour la nourriture, Lise Cristiani mange de la patte d'ours, tandis qu'en Perse Jane Dieulafoy découvre le pied de porc sucré cuit dans la confiture de prune.

En ce qui concerne l'intimité pour la toilette et le sommeil, les récits sont avares d'informations. Paradoxalement, c'est dans la promiscuité d'un caravansérail qu'Adèle Hommaire de Hell déniche un espace privé à sa convenance : « Les voyageurs s'occupent peu les uns des autres. [...] Dans cette chambre remplie d'individus de mœurs tellement diverses nous nous retrouvâmes aussi à notre aise que si l'appartement eût été à nous seuls [10]. » Dans le Caucase, Mme Meunier se plaint de n'avoir qu'une cuvette en tôle émaillée et

10. *Voyage dans les steppes de la mer Caspienne*, *op. cit.*, p. 259.

d'obtenir difficilement de l'eau ; en revanche, s'amuse-t-elle, « nous avions pour femmes de chambre de grands Tcherkesses avec cartouchières et *kindjal*, mais ils avaient mis un petit tablier blanc [11] ». Les hôtels réservent comme toujours le meilleur et le pire. À Ceylan, à l'hôtel de l'Univers, Mme Durand-Fardel dort dans des draps posés directement sur une planche, et à Galle les chambres sont des box avec des cloisons à mi-hauteur. À Singapour, elle occupe une pièce en rez-de-chaussée dont les croisées ne ferment pas, ce qui permet aux marchands et mendiants de passer à tout moment la tête à l'intérieur.

À Tiflis, ville attachante qui « pourtant a peu de réputation en Europe peut-être parce que les Anglais, ces Cooks, ne l'ont pas lancée [12] », l'hôtel de Mme Meunier est parfait. À Erevan aussi. Ce sont deux établissements neufs. L'hôtel Sheppard au Caire et l'hôtel de l'Univers à Hong Kong proposent un confort unique. Le standing des grands paquebots est du même ordre, même si l'espace est chiche : « Pendant de longs jours et pendant des nuits bien plus longues encore, écrit Mme Bourbonnaud, j'ai gémi dans l'étroite couchette du paquebot, malade à mourir [13]. » Aux États-Unis, Marie de Grandfort réserve de longs commentaires à l'hôtellerie. Éblouie par les immenses palaces qui voient le jour dans les grandes villes, elle est tout aussi séduite par les *boardings*, pensions tenues par des femmes et qui n'acceptent que des clients recommandés. Confort, élégance, convivialité caractérisent ces endroits où se mène toute une vie de société qui en fait des adresses de choix pour le voyageur ou le résident à l'année. Sur les *steamboats* du Mississippi, on retrouve cette atmosphère étincelante.

---

11. *De Saint-Pétersbourg à l'Ararat*, *op. cit.*, p. 141.
12. *Ibid.*, p. 173.
13. *Les Indes et l'Extrême-Orient*, *op. cit.*, p. 265.

En réalité, la plupart des voyageuses sont logées à la dure et beaucoup connaissent des conditions de vie héroïques. Raymonde Bonnetain, à Saint-Louis du Sénégal, est introduite dans une chambre d'hôtel dont la vue « soulève le cœur ». Celles qui traversent l'Amazonie souffrent de nuits et de nuits sans sommeil, mais c'est aussi le sort de toutes celles qui se risquent dans des contrées d'accès difficile, en Afghanistan, en Afrique ou en Laponie. Beaucoup plus près, Hubertine Auclert, en route vers l'oasis de Laghouat en diligence, apprécie l'air salubre et fortifiant du désert, et considère qu'« on serait malade ailleurs si l'on était soumis aux fatigues et aux privations de sommeil et de nourriture qu'on y endure[14] ».

Elle se trompe, car les fièvres y guettent tout autant le voyageur, et Mme Pommerol, partie pour quatre ans dans le Sahara, doit rentrer plus tôt que prévu pour se soigner. Il est regrettable que cette voyageuse, qui a gagné le désert en camion militaire et a couché plus d'un an à la belle étoile ou sous la tente, ait laissé peu de commentaires sur les conditions matérielles de ce long séjour. On sait néanmoins qu'elle se déplaçait d'une tribu à l'autre à dos de chameau, de préférence la nuit, et qu'aux étapes elle couchait enroulée dans une couverture au fond d'un creux aménagé dans le sable. Quant à la nourriture, c'était invariablement une méchante viande de chameau fade et dure, de tout aussi méchantes carottes, des dattes séchées et une eau brunâtre au goût affreux.

S'il fallait décerner des étoiles aux meilleurs moments du voyage, dans la catégorie des destinations Ceylan, le Cachemire et l'Arménie seraient distingués pour leurs paysages et leur douceur de vie. Dans la catégorie des moyens de transport seraient élus les campements légers qui permettent des étapes sublimes dans la nature,

14. *Les Femmes arabes en Algérie*, *op. cit.*, p. 192.

quand par exemple Mme Chantre fait halte dans le massif de l'Ararat où l'herbe est grasse, l'air vif, et où les cosaques de l'escorte chantent leurs prières au crépuscule. Mais il faudrait aussi retenir, dans la catégorie « aventure », les nuits sous le ciel des déserts, la tente montée dans les ruines mêmes de Palmyre, les semaines sur le Nil d'un temple à l'autre dans des embarcations personnelles, le voilier par beau temps pour Tahiti ou Rio, la traversée à cheval de l'Indochine... Et dans la catégorie des établissements de très grand luxe, l'hébergement dans les palais de Saint-Pétersbourg ou du Bosphore et l'hospitalité d'un maharadjah dans l'Himalaya.

XXXI
Histoire

> Nos récents succès de la guerre de Crimée avaient laissé une immense impression et notre prépondérance était à son apogée. Cette auréole de gloire rejaillissait sur tout ce qui portait le nom de Français. Nous étions au pinacle.
>
> Mme DURAND DE FONTMAGNE.

Les récits féminins de voyage épousent les contours des événements et des idées de ce XIXe siècle qui a connu en France deux révolutions, trois monarchies, deux empires, deux républiques, des guerres de conquête, le siège de Paris en 1870 et une guerre civile, la Commune. C'est d'abord l'histoire même du voyage, avec l'évolution technologique et culturelle de ses modalités, qui s'imprime dans ces textes et l'intensification de leurs parutions après 1850. Une spécificité du périple féminin se profile dans le nombre croissant des déplacements de pèlerinage, pendant que la politique coloniale et étrangère entraîne les unes en Afrique, en Asie, les autres à Istanbul. Le XIXe comme siècle de conquêtes et de découvertes s'inscrit dans l'audace des pionnières, celles qui le plus tôt sont allées le plus loin : Charlotte-Adelaïde Dard en 1816 au Sénégal ; Rose de Freycinet en 1817 autour du monde ; Léonie d'Aunet en 1839 au Spitzberg ; Louise Bachelet en 1842 dans une province perdue du Brésil. Le siècle s'inscrit aussi dans le défi des aventurières – Mme Lenglet-Dufresnois, Fanny Loviot, Mme P. –, dans l'intrépidité remarquable de celles qui sont parties seules : Louise Bourbonnaud, Anna Bloch, Mme Le Ray, Isabelle Massieu.

Les décennies passant, on voit les voyageuses abandonner croquis et aquarelles pour la photo. Jane Dieulafoy, Raymonde Bonnetain, Marie Ujfalvy-Bourdon, Mme Pommerol ou Isabelle Massieu rapportent leurs propres clichés, ce qui exige tout un savoir-faire, pas mal d'énergie face à la lourdeur du matériel et, pour la photo documentaire, une conception non improvisée de ce travail. Mme Pommerol, par exemple, avec ses photos de la vie des femmes sahariennes, manifeste un indéniable talent de reporter. Il est vrai que la qualité des illustrations du *Tour du Monde*, où les tirages sont confiés aux meilleurs graveurs pour la reproduction éditoriale, comme le désir de fournir des données satisfaisantes aux musées et aux équipes scientifiques incitent fortement les voyageurs à s'initier à une technique si bien adaptée au projet ethnologique, géographique, archéologique ou simplement touristique.

C'est le statut prestigieux de la politique de conquête et de découverte d'alors qui inspire à la duchesse d'Uzès, catholique fervente et royaliste, un voyage par fils interposé. Voulant l'engager dans une aventure « grandiose » donnant du sens à une vie qu'elle craint pour lui trop oisive, elle lui organise en 1893 une mission d'exploration privée de Brazzaville à l'Abyssinie « pour rendre service à la nation ». La mère et le fils ont rendez-vous au Caire. L'expédition est exceptionnellement bien préparée : une chaloupe en acier démontable, cinquante tirailleurs algériens, une escouade d'ouvriers, un petit état-major, un journaliste et un médecin, des cigares, des livres, des instruments de musique. Mais les choses tournent mal. Jacques de

Crussol, duc d'Uzès, âgé de vingt-quatre ans, se voit abandonné par ses compagnons et ses troupes dans une contrée encore inexplorée. Un an après son départ, atteint d'une grave dysenterie, il regagne Brazzaville où tout est prêt pour son rapatriement. Quand il arrive au canot qui doit le transporter vers le paquebot du retour, il meurt, terrassé par une fièvre cérébrale. Peu après, sa mère publie le récit de l'expédition, un beau livre où elle reconstruit le parcours du jeune homme, de l'enthousiasme du début aux brèves missives angoissées de la fin. « J'ai cru de mon devoir, écrit-elle, d'apporter sur le tombeau de l'enfant disparu le livre qu'on va lire [1]. »

Au siècle de Chateaubriand, Hugo, Balzac et Zola, la place des femmes en littérature, aussi modeste que réelle, s'inscrit dans la production de récits de voyage avec des écrivaines consacrées comme Germaine de Staël ou George Sand (même s'il en est peu ou pas rendu compte ici à cause des restrictions méthodologiques concernant les séjours en pays voisins) ; avec les auteures de souvenirs et mémoires incluant des épisodes de voyage, telles Louise Michel, Sarah Bernhardt et Élisabeth Vigée-Lebrun ; avec des auteures moins célèbres mais reconnues comme Louise Colet, Flora Tristan, Suzanne Voilquin. Ou encore, à l'articulation du mouvement littéraire et du mouvement journalistique, avec de nombreuses voyageuses publiant romans et articles : Olympe Audouard, Léonie d'Aunet (membre de la Société des gens de lettres), Thérèse Bentzon, Marie de Grandfort, Marie Ratazzi, Juliette Adam, Mme Pommerol, Adèle Toussaint-Samson et Anne de Voisins d'Ambre.

De même, toute une petite littérature oubliée trouve ses auteures parmi les voyageuses : Mlle de Vare, Clara Filleul de Pétigny, Léonie de Bazelaire, Cornélie

1. *Le Voyage de mon fils (Jacques de Crussol, duc d'Uzès) au Congo*, Paris, Plon-Nourrit, 1894, Préface.

Delort, Lina Beck-Bernard, Lucie Félix-Faure Goyau, Mme de La Ferté-Meun, Pauline de Noirfontaine. Si bien qu'au total il n'y a guère que le tiers de toutes les Françaises voyageuses recensées ici à n'avoir pas associé la recension du voyage à d'autres genres – poèmes, nouvelles, participation au débat social, récits édifiants, roman imaginaire ou historique, contes, essais, ou même des ouvrages de vulgarisation scientifique tels ceux de Léonie Meunier. De remarquables talents pour le récit de voyage se révèlent : Adèle Hommaire de Hell, Léonie d'Aunet et Anna Bloch proposent des œuvres cultivées, avec une superbe écriture de la description, le sens du grand, des visions du monde personnelles et sensibles. Dans des ouvrages de moindre portée, Raymonde Bonnetain et Pauline de Noirfontaine se font aussi remarquer pour la qualité de leur plume et de leur regard.

Une histoire du mouvement scientifique se dessine également avec la présence dans des expéditions maritimes d'exploration de Léonie d'Aunet et Rose de Freycinet. Les développements de l'ethnologie, de l'anthropologie, de l'archéologie s'illustrent dans les publications périscientifiques de Mmes Dieulafoy, Janssen, Chantre, Hommaire de Hell et de Ujfalvy-Bourdon. Plusieurs voyageuses sont admises comme membres ou correspondantes de la Société française de géographie, d'autres sont décorées des palmes d'officier d'Académie ou de la Légion d'honneur : Marie de Ujfalvy-Bourdon, Jane Dieulafoy, Juliette Adam, Thérèse Bentzon et Isabelle Massieu.

Une histoire des idées politiques marque aussi la production de récits de voyage par des femmes figurant dans les combats idéologiques de l'époque : Louise Michel et la Commune, Suzanne Voilquin et le saint-simonisme, Hubertine Auclert, Olympe Audouard, Flora Tristan, la duchesse d'Uzès, Juliette Adam et le féminisme. Ces deux dernières contribuent à la montée des idées d'extrême droite de la fin du siècle : Juliette Adam en attisant dans son salon les passions antidreyfusardes, la duchesse d'Uzès en mettant au service de l'aventure nationaliste du général Boulanger l'énorme fortune qu'elle tenait de son arrière-grand-mère, la veuve Cliquot.

Beaucoup racontent les conflits armés dans lesquels elles se sont trouvées : la révolte des Taiping à Shanghai pour Catherine de Bourboulon, les guerres tribales en Afrique du Sud pour les Coillard, la retraite de Russie pour Louise Fusil, les attaques des Indiens contre les Blancs pour Jeanne Goussard de Mayolle, une situation insurrectionnelle au Pérou pour Flora Tristan, la révolte des Canaques pour Louise Michel, un affrontement entre le Paraguay et le Brésil pour Louise Bachelet. Certaines s'engagent dans la guerre les armes à la main, comme Jane Dieulafoy en 1870, ou dans l'insurrection comme Louise Michel au moment de la Commune de Paris. L'histoire s'inscrit par ailleurs dans les récits des exilées à Moscou, Élisabeth Vigée-Lebrun et Germaine de Staël. Enfin, à l'inverse des situations dangereuses, le prestige acquis par la France au milieu du siècle comme alliée de l'Empire ottoman contre les Russes en Crimée va embellir le séjour de celles qui se trouvent en Turquie à l'heure de la victoire.

Si le prosélytisme religieux et le commerce se sont engouffrés sur les routes nouvellement conquises, envoyant au loin missionnaires, pèlerines et négociantes, la culture et l'art de vivre français ont de leur côté fourni beaucoup de voyageuses. Lise Cristiani, Sarah Bernhardt, Louise Fusil en témoignent au nom des artistes. Marie Ujfalvy-Bourdon évoque la présence dans la richissime Sibérie, à côté des maîtres de danse et des cuisiniers, de moult modistes, couturières, créatrices de mode. Quant à Adèle Hommaire de Hell, elle rapporte sa visite à une ancienne institutrice française, Mlle Jacquemart, qui, bien qu'ayant acquis une position remarquée à la cour de Russie, avait tout quitté pour devenir ermite en Crimée.

Tout un pan de témoignages de cette époque manque d'ailleurs : celui des institutrices, lectrices, dames de compagnie, caméristes et gouvernantes, dont beaucoup sont parties de Montbéliard pour se mettre au service des grandes familles. Ville protestante aux princes et aux pasteurs éclairés ayant permis aux jeunes filles d'acquérir un bon niveau d'instruction, devenue française en 1793 tout en conservant son héritage culturel, Montbéliard entretenait des liens spécifiques avec la Russie depuis 1776, date du mariage de Paul Ier, fils de Catherine II, avec Sophie Dorothée de Wurtemberg-Montbéliard. Élisabeth Vigée-Lebrun sera témoin du règne de ce tsar, de 1796 à son assassinat en 1801. Toujours est-il que c'est dans les rangs de ces jeunes filles exilées, les Russiennes, que se distingueront Mlles Aubert, Gachet et Durbach, gouvernantes chez Tchaïkovski et Tolstoï. Rentrées au pays, vieilles dames plus riches de souvenirs que d'argent, on dit qu'elles avaient l'habitude de se retrouver, roulant et fumant de longues cigarettes d'un tabac odorant qu'on leur envoyait de là-bas avec du thé et des sucreries [2].

D'une manière générale, l'éducation des filles porte ses fruits vers la fin du siècle, et l'on voit une Françoise Ribaud, née en 1851, docteur en médecine en 1877, spécialisée en ophtalmologie, soigner des mandarins à Hué et s'apprêter à opérer de la cataracte l'impératrice d'Annam, quand elle meurt brutalement d'une crise de dysenterie. Née la même année, Thérèse Vianzone enseigne l'histoire de la littérature française à Saint-Pétersbourg vers 1880, avant d'entreprendre un pèlerinage en Terre sainte, qu'elle rejoint directement depuis

2. Voir André Péchin, « Russiens et Russiennes », *Bulletin de la Société d'émulation de Montbéliard*, 1988, p. 221-254, et Jean-Marie Thiébaud, « Les Francs-Comtois en Russie au cours des siècles », *Généalogie franc-comtoise*, 2002-2004.

Odessa, puis une tournée de conférences au Canada et aux États-Unis.

La modernité est là aussi avec le développement des activités artistiques de quelques voyageuses. Si Léonie de Bazelaire, la pèlerine des années 1860, devient une aquarelliste de petite notoriété, la baronne Durand de Fontmagne, longtemps après son séjour à Istanbul, fait jouer les opéras qu'elle a composés sur quelques grandes scènes comme Toulouse et Bordeaux. La non-voyageuse de cette histoire, la duchesse d'Uzès, sous le nom de Manuela, fait une carrière reconnue de sculptrice. En 1897, elle est la première femme à obtenir le permis de conduire... et à être sanctionnée pour excès de vitesse. Plus tard, sa passion de la chasse à courre fera d'elle la première femme « lieutenant de louveterie ».

Modernité, toujours, avec les voyageuses qui participent à des campagnes publicitaires comme Marie de Grandfort et Mme Marchand, alias Jean Pommerol, pour les vins Mariani : « Le vin Mariani aide ma réaction après les nombreux bains de mer que je prends l'été. Je lui dois ma santé en grande partie et ma joie de vivre », écrit la première. « En dépit de tous les cahots sur l'échine des chameaux fantaisistes, voici la bouteille intacte. Allah est grand et bon le vin Mariani », compose la seconde. Pour ses petits-beurre, la maison Lefèvre-Utile embauche la duchesse d'Uzès, Juliette Adam et bien sûr Sarah Bernhardt.

Histoire du XIXe siècle, toujours, avec certaines rencontres : la duchesse d'Uzès se rend un jour au chevet de Louise Michel, vieille, malade et pauvre, mais distribuant aux autres le peu qu'elle a ; Mme Papinaud, épouse du gouverneur d'Océanie, fait rapatrier sans en soupçonner la valeur les œuvres de Gauguin qui pourrissaient là-bas – Paul Gauguin, ce petit-fils de Flora Tristan...

Et puis l'histoire, c'est aussi un monde qui n'a pas assez changé – celui de l'esclavage, de la misère et de la malheureuse condition féminine – et un monde qui va trop changer – celui de la destruction des espèces et de l'environnement. Ainsi cette scène parmi tant d'autres que l'on ne reverra plus : « Tout à coup, écrit Marie de Ujfalvy-Bourdon en route vers Samarkand, le spectacle s'anime, la steppe paraît se mouvoir comme la mer, les herbes ondoient, et cependant nous ne pouvons constater le plus léger zéphyr. Je donne à deviner en cent, en mille, la cause de ce mouvement. Ce sont des myriades de tortues qui se promènent dans tous les sens, enchantées de pouvoir chauffer leur carapace au soleil. Dans l'air volent un grand nombre d'aigles, planant parfois si près de nous que nous entendons les battements de leurs ailes ; ces grands corsaires, d'une couleur grise ou fauve, quelquefois blanchâtre, s'en viennent tout exprès des monts Célestes pour déjeuner d'une tortue [3]. »

3. « D'Orenbourg à Samarkand », *Le Tour du Monde*, 1879, I, p. 18.

XXXII

La femme, voyageuse de deuxième classe

> Tandis que son mari s'occupait des grandes lois de la nature, Mme Agassiz[1] s'appliquait, dans une sphère infiniment plus humble, à prendre çà et là des croquis à la plume des coutumes indigènes.
>
> Richard CORTAMBERT.

Au total, la pérégrination du XIXe siècle amène à l'écriture du voyage toute une société de femmes de conditions différentes rassemblées cependant dans la même attitude : le désir de la voyageuse de faire reconnaître son exploit s'oppose à la timidité de l'écrivaine qui, présentant son récit comme un ouvrage de dame, est la première à en minimiser l'intérêt. La première mais pas la seule, si l'on en croit cette journaliste de l'époque : « L'homme accomplit des prodiges d'audace, d'adresse, de science ; ce n'est plus une peau d'aurochs, une défense d'éléphant, un régime de bananes qu'il rapporte, mais les plans et la description de riches contrées, de terres en friche toutes prêtes à produire de merveilleuses moissons en échange d'un peu de travail. À côté de ces expéditions hardies, je

1. Épouse américaine d'un grand naturaliste suisse, elle a effectué avec lui un voyage au Brésil.

suis fâchée mais forcée de le reconnaître, les pérégrinations des voyageuses célèbres, des Ida Pfeiffer, Alexine Tinné, ne paraissent que des promenades d'agrément. Sur ce point, l'infériorité des femmes est évidemment constatée[2]. » Il faut savoir qu'Ida Pfeiffer, autrichienne, membre de la Société française de géographie et très admirée du baron von Humboldt, est sans doute la plus grande voyageuse de tous les temps, et que Livingstone lui-même considérait la Hollandaise Alexine Tinné, rencontrée au Soudan, comme la personne qui l'avait le plus impressionné. La conception de la femme comme voyageuse inutile ne sera pas toujours exprimée avec cet aplomb stupide, mais la France fera toujours preuve d'un certain manque de reconnaissance envers ses voyageuses et leurs témoignages.

Cette hiérarchie dans les positions masculines et féminines est alors générale et inscrite dans tous les esprits, y compris les plus généreux : « L'homme, disait Victor Hugo, s'efforce, invente, crée, sème et moissonne, détruit et construit, pense, combat, contemple ; la femme aime. Et que fait-elle avec son amour ? Elle fait la force de l'homme[3]. » Mentalités qui persistent plus ou moins et regrettablement jusqu'à nous, si l'on en croit la relégation des récits de voyageuses du XIXe siècle. La liste est sans fin des ouvrages actuels ne trouvant d'intérêt qu'au voyageur mâle. Quand il s'agit des collections destinées à des spécialistes, on attend en vain que nous soient révélés les critères de cette exclusion, mais, jamais justifiée ni théoriquement construite, elle se contente de se faire passer comme allant de soi. Le site Gallica de la Bibliothèque nationale de France, qui sur le thème du voyage en Afrique au XIXe siècle présente un catalogue de mille cinq cent vingt-quatre

2. Sabine Méa, « La colonisation par les femmes », *Le Rappel*, 16 mars 1883.

3. Discours prononcé à l'enterrement de Mme Louis Blanc, le 26 avril 1876.

ouvrages, ne cite que sept voyageuses : Charlotte-Adélaïde Dard, Olympe Audouard, Pauline de Noirfontaine, Anne de Voisins d'Ambre, Louis Régis, Raymonde Bonnetain, Lucie Félix-Faure. Il en écarte onze dont la Nationale détient pourtant les ouvrages : Hubertine Auclert et sa vision politique de l'Algérie ; Blanche Lee Childe, écrivaine et observatrice de qualité ; la plupart de celles qui vont, d'un bord ou de l'autre, témoigner sur la colonisation, Mmes Dor, Girault, Dutertre, Fancy, Lagrange, Pommerol, mais aussi Mme P., chercheuse d'or en Afrique du Sud, comme les Suzanne Voilquin ou Louise Colet aux textes indiscutablement importants. Pourtant, l'identité de l'Afrique à cette époque, c'est aussi l'Égypte comme voie d'accès vers l'Asie par le canal de Suez et vers la Terre sainte. Les pèlerins passent en nombre par Le Caire, et le récit de Clara Filleul de Pétigny, par exemple, aurait pu fournir un témoignage complémentaire à celui, officiel et mondain, de Lucie Félix-Faure.

Dans les anthologies de la collection « Bouquins », sur les milliers de pages d'un énorme corpus de récits de voyage en Égypte, en Orient, en Russie, en Asie centrale et au Tibet, en Chine et au Japon, ne sont retenues que Catherine de Bourboulon, Adèle Hommaire de Hell, Olympe Audouard, Germaine de Staël, Élisabeth Vigée-Lebrun, Louise Colet, Suzanne Voilquin et Blanche Lee Childe.

La bibliothèque du musée de l'Homme ne mentionnait sous la rubrique « Voyageuses françaises » que Jane Dieulafoy et Léonie d'Aunet. Autre exemple de cette négligence : plusieurs catalogues de bibliothèques portent au crédit du mari un ouvrage de l'épouse ; c'est le cas des Bonnetain, Meunier et Chantre.

Heureusement, quelques remarquables récits féminins ont bénéficié de rééditions récentes – ceux de Léonie d'Aunet, Adèle Hommaire de Hell, Jane Dieulafoy, Rose de Freycinet, Louise Fusil, Charlotte-Adélaïde Dard,

Isabelle Massieu et Catherine de Bourboulon. De même, la numérisation par la BNF de la collection entière du *Tour du Monde* et de *La Revue des Deux Mondes* rend accessibles à l'écran de très nombreux récits de voyage féminins. En outre ont paru des biographies de Jeanne Dieulafoy, Rose de Freycinet, Léonie d'Aunet, Juliette Adam, Aurélie Picard-Tidjani et Flora Tristan.

Cependant, au-delà de ces contre-exemples la question reste entière : y a-t-il une spécificité du récit de voyage au féminin qui puisse expliquer cette « quarantaine » ? C'est un fait évident que, n'ayant pas le même statut, les femmes et les hommes du XIXe siècle n'entreprennent pas les mêmes voyages et n'écrivent pas les mêmes récits. Les femmes, si audacieuses soient-elles, font des voyages de femmes en ce sens qu'ils ne sont pas professionnels, ni militaires, ni scientifiques, ni diplomatiques, et que généralement elles ne gèrent pas l'expédition ni n'en décident. Est-ce une raison pour que la circulation des Françaises dans le monde soit de moindre intérêt que celle des Français ?

Si ce n'est par la prégnance culturelle arbitraire et archaïque de la primauté du masculin sur le féminin, il paraît difficile de justifier que soit moins considéré le récit de cette moitié de l'humanité au regard à la fois différent et identique. Différent car la voyageuse voit d'autres choses et autrement, pouvant raconter des déplacements plus spécifiques tels que les pèlerinages ou l'humanitaire, faire des observations sur des lieux réservés comme les harems. Différent aussi car, non investie de mission, elle est plus libre de son récit. Mais en même temps identique par une même capacité à témoigner dans des récits que tout lecteur est en droit de juger par lui-même.

Le *Journal de voyage d'une Parisienne* vient, par l'énigme sur le genre de son auteur, apporter la juste touche de doute sur la valeur respective des récits de voyage selon qu'ils sont écrits par un voyageur ou une voyageuse. La couverture de ce livre paru en 1855 porte comme nom d'auteur Marie Giovanni. Personnage principal, c'est elle qui raconte un voyage exceptionnel qui la mène, avec son mari négociant, en Australie, en Nouvelle-Zélande, en Nouvelle-Calédonie, à Tahiti, aux îles Marquises, à Hawaï, en Californie et au Mexique. Mais la mention « Rédigé par Alexandre Dumas » révèle le montage : il s'agit d'un ouvrage d'Alexandre Dumas père présenté comme le journal d'une voyageuse nommée fictivement Marie Giovanni. Il n'y a pas de Marie Giovanni, mais il y a bien une femme derrière le texte qui a servi de base à Dumas ; c'est une de ses collaboratrices et amies, écrivaine prolifique elle-même avec, à son propre catalogue, plus de quatre-vingts ouvrages : Gabrielle-Anne Cisternes de Courtiras, vicomtesse de Poilloüe de Saint-Mars, qui a pris le pseudonyme de comtesse Dash.

Le *Journal de voyage d'une Parisienne*, ouvrage en quatre tomes, narre à l'évidence un voyage réel. Celui de la comtesse Dash ? Probablement, mais on doit en rester aux hypothèses. Ce périple, par son ampleur, ferait alors d'elle l'une des plus importantes voyageuses du XIXe siècle avec trois autres qui se sont rendues aussi en Océanie : sœur Perroton, Rose de Freycinet et Joséphine Papinaud. Celle-ci, épouse d'un tonnelier républicain devenu député de l'Aude puis gouverneur des colonies de 1888 à 1899, s'est rendue à Mayotte et à Tahiti mais n'a pas laissé de témoignage.

En tout cas, le texte que Mme Dash a préparé pour Dumas en écrivaine talentueuse bien documentée ou plus vraisemblablement en voyageuse, puisqu'il y aurait eu peu de sources auxquelles puiser, a tous les caractères de l'authentique relation d'un voyage de femme si l'on en croit les moments où le regard, après avoir balayé les paysages, l'histoire, les cultures des pays traversés, s'attache particulièrement aux intérieurs, aux marchés, à la vie quotidienne, aux gens. Les fantaisies, c'est à Dumas que l'on a envie de les imputer, quand par exemple un homme s'approche de la Française, lui pince la chair du bras et l'évalue bonne à manger. « J'étais aux Maoris d'Auckland, dit-elle, ce que la dinde truffée est aux gourmands de Paris [4] ».

Il semble aussi que la narratrice soit « surféminisée » par une imagination masculine : quittant sa cabine meublée de ses propres fauteuils et de son piano avec « des partitions de valses et sonates de Beethoven, des mélodies de Schubert et de Rossini », la voilà qui s'installe aux fourneaux pour la durée de la traversée, à la tête du « département des fricassées, du poulet, des omelettes, des crèmes et des pâtisseries », au grand dam du cuisinier titulaire ! Il est vrai, nous prend-elle à témoin, en bonne ménagère indignée, que le drôle a déjà égorgé au moins six cochons sans avoir eu l'idée de faire du boudin. Tout cela ne l'empêche pas de pêcher sur le pont... tout en tricotant ou en brodant. Bref, voilà une voyageuse audacieuse ramenée, par quelques savantes retouches, à une femme d'intérieur exemplaire qui cuisine, brode et joue du piano. Toujours est-il que le livre, vif, piquant, avançant à grands pas en plein pittoresque, brassant une information considérable et narrant toutes sortes d'événements, séduit dans toute l'ambiguïté de son authenticité et de celle du genre de son auteur.

Néanmoins, les temps vont changer, qui reconnaîtront les grandes voyageuses et leurs récits. Quand arrive la fin du siècle, Isabelle Massieu, Thérèse Bentzon, Jane Dieulafoy, Sarah Bernhardt et Juliette Adam sont encore en chemin ou vont repartir pour le Népal, la Russie, l'Espagne ou l'Australie. Les autres ont achevé leurs voyages dans le monde ou sur la terre.

4. *Marie Giovanni. Journal de voyage d'une Parisienne*, 4 vol., Bruxelles et Leipzig, Kiessling et Schnee, 1855-1856, vol. I, p. 29.

Mais une voyageuse vient de prendre la route, Alexandra David-Neel, qui a déjà fait avant 1900 un séjour de jeunesse en Inde et chanté l'opéra au Tonkin, mais dont l'œuvre ne se développera qu'à partir des expéditions qu'elle fera en Chine et dans l'Himalaya entre 1911 et 1946. L'énorme succès de son parcours, tant géographique que spirituel, et la personnalité d'une autre voyageuse mythique, la Suissesse Isabelle Eberhardt, vont susciter cet intérêt qui a manqué aux Françaises du XIXe siècle.

ANNEXES

TABLEAU RÉCAPITULATIF DES VOYAGES

	Russie Grand Nord	**Amérique du Nord**	**Amérique du Sud**	**Afrique du Nord**	**Afrique noire**	**Proche-Orient**	**Asie**	**Océanie**
1800 1820	Fusil Staël Vigée-Lebrun					La Ferté-Meun		Freycinet
1820 1830					Dard Javouhey			
1830 1840	Aunet		Bachelet Javouhey Lenglet-Dufresnois Tristan	Vialar		Voilquin		
1840 1850	Hommaire de Hell Voilquin		Lenglet-Dufresnois Toussaint-Samson	Voisins		Filleul de Pétigny Gasparin	Hommaire de Hell	Dash Perroton
1850 1860	Cristiani	Grandfort Loviot Saint-Amant	Beck-Bernard Toussaint-Samson	Girault Noirfontaine		Delort Durant de Fontmagne Vare	Cristiani Loviot	
1860 1870		Audouard		Dutertre Lagrange		Audouard Renan	Bourboulon	
1870 1880	Audouard		Roncayolo	Lee Childe Régis	Coillard Mme P.	Colet Gasparin Lee Childe	Durand-Fardel Jacolliot Janssen Ujfalvy-Bourdon	L. Michel
1880 1890	Adam	Bernhardt Bourbonnaud	Bernhardt Bourbonnaud	Auclert Dor Felix-Faure Tidjani	Coillard	Bazelaire Le Ray	Dieulafoy	Papinaud
1890 1900	Bentzon Meunier	Bentzon Goussard Grandin	Saint-Gautier	Fancy Pommerol Tidjani	Bonnetain	Félix-Faure Marquette Motais Ratazzi	Bel Bloch Bourbonnaud Chantre Lemire Massieu Meunier F. Michel Morgan Vapereau	

Bibliographie sélective

Juliette Adam (1836-1936)

Impressions françaises en Russie, Paris, Hachette, 1912.

Voir aussi :

Anne Hogenhuis-Seliverstoff, *Juliette Adam, l'instigatrice*, Paris, L'Harmattan, 2002.

Hubertine Auclert (1848-1914)

Les Femmes arabes en Algérie, Paris, Société d'éditions littéraires, 1900.

Voir aussi :

Mona Ozouf, *Les Mots des femmes*, Paris, Fayard, 1995.

Steven C. Hause, *The French Suffragette*, Londres, Yale University Press, 1987.

Olympe Audouard (1830-1890)

Les Mystères du sérail et des harems turcs, Paris, Dentu, 1863.

Les Mystères de l'Égypte dévoilés, Paris, Dentu, 1865.

L'Orient et ses peuplades, Paris, Dentu, 1867.

À travers l'Amérique. Le Far West, Paris, Dentu 1869.

À travers l'Amérique. North America, États-Unis. Constitution, mœurs, usages, institutions, sectes religieuses, Paris, Dentu, 1871.

Les Nuits russes, Paris, Dentu, 1876.

Voyage au pays des Boyards. Étude sur la Russie actuelle, Paris, Dentu, 1881.

Voyage à travers mes souvenirs. Ceux que j'ai connus, ce que j'ai vu, Paris, Dentu, 1884.

Voir aussi :

« Écritures du voyage et féminisme. Olympe Audouard ou le féminin en question », *French Review*, automne 1995.

Léonie D'AUNET (1820-1879)

Voyage d'une femme au Spitzberg, Paris, Hachette, 1854 ; Arles, Actes Sud, « Babel », 1995.

Voir aussi :

Françoise Lapeyre, *Léonie d'Aunet. « Lorsque je vous vois, je songe aux étoiles »*, Paris, Lattès, 2004.

Louise BACHELET

Phalanstère du Brésil. Voyage dans l'Amérique méridionale, Paris, sans mention d'éditeur, 1842.

Léonie DE BAZELAIRE (1847-1926)

Chevauchée en Palestine, Tours, Mame et fils, 1899.

Lina BECK-BERNARD (1822-1888)

Le Rio-Paraná. Cinq années de séjour dans la République argentine, Paris, Grassart, 1864.

Mme BEL

Voir Jean-Marc Bel : « Notes sur un voyage de mission au pays des Khas et au bas Laos », *Bulletin du Museum*, 1898 ; « Mission au Laos et en Annam », *Bulletin de la Société de géographie*, 1898.

Thérèse BENTZON (1840-1907)

Notes de voyage. Les Américaines chez elles, Paris, C. Lévy, 1896.

Choses et gens d'Amérique, Paris, C. Lévy, 1898.

Notes de voyages. Nouvelle-France et Nouvelle-Angleterre, Paris, C. Lévy, 1899.

Femmes d'Amérique, Paris, A. Colin, 1900.

Promenades en Russie. En Petite-Russie ; autour de Tolstoï ; bains de mer en Crimée ; femmes russes ; docteur et femme de lettres, Anne-Rosalie Sachalsky ; industries de village, Paris, Hachette, 1903.

Voir aussi :

Joan M. West, « America and American Literature in the Essays of Th. Bentzon : Creating the Image of an Independent Cultural Identity », *History of European Ideas*, vol. 8, n°s 4-5, 1987.

Sarah BERNHARDT (1844-1923)

Ma double vie, Paris, Fasquelle, 1907 ; Paris, Phébus, 2002.

Anna BLOCH (1856- ?)
Au loin. Impressions hindoues, Paris, Lemerre, 1898.

Raymonde BONNETAIN
Une Française au Soudan. Sur la route de Tombouctou, du Sénégal au Niger, Paris, Librairies-Imprimeries réunies, 1894.
« La femme aux colonies », *Revue encyclopédique*, 1896.

Louise BOURBONNAUD
Seule à travers 145 000 lieues terrestres, marines et aériennes. Premier voyage. Europe (45 000 lieues), Espagne, Portugal, Gibraltar, Maroc, sans aucune mention.
Les Amériques. Amérique du Nord, les Antilles, Amérique du Sud, Paris, Jouve, 1889.
Les Indes et l'Extrême-Orient. Impressions de voyage d'une Parisienne, Paris, sans mention d'éditeur ni de date.

Catherine DE BOURBOULON (1827-1865)
« Relation du voyage de Shanghai à Moscou », *Le Tour du Monde*, 1864, I, p. 81-128 ; 1864, II, p. 39-96 et p. 289-336 ; 1865, I, p. 233-273 ; réédité sous le titre *L'Asie cavalière. De Shang-Haï à Moscou*, Paris, Phébus, 1991.
Shanghai. Récit, Paris, Magellan & Cie, 2004.

Mme B. CHANTRE
« À travers l'Arménie russe. Karabagh, vallée de l'Araxe, massif de l'Ararat (1890) », *Le Tour du Monde*, 1891, I, p. 369-416 ; 1891, II, p. 225-288 ; 1892, I, p. 177-224 ; 1892, II, p. 161-192 ; réédition Paris, Hachette, 1893.
« En Asie Mineure. Souvenirs de voyage en Cappadoce (1893-1894) », *Le Tour du Monde*, 1896, II, p. 409-480.
« En Asie Mineure. Cilicie », *Le Tour du Monde*, 1898, I, p. 145-180.
« Sur les routes de Tunisie », *Le Tour du Monde*, 1908, II, p. 481-504 ; 1909, II, p. 493-516.

Christiana COILLARD (?-1891)
Voir François Coillard, « Voyage dans l'Afrique australe », *Bulletin de la Société de géographie*, 1887.
Édouard Favre, *La Vie d'un missionnaire français, François Coillard (1834-1904)*, Paris, Société des missions évangéliques, 1922.

Louise Colet (1810-1876)
Les Pays lumineux. Voyage en Orient, Paris, Dentu, 1879.

Lise Cristiani (1827-1853)
« Voyage dans la Sibérie orientale », *Le Tour du Monde*, 1863, I, p. 385-400.
Voir aussi :
Margaret Campbell, *The Great Violonists*, New York, Doubleday, 1981.

Charlotte-Adélaïde Dard (1798-1862)
La Chaumière africaine ou Histoire d'une famille française jetée sur la côte occidentale de l'Afrique à la suite du naufrage de la frégate La Méduse, Dijon, Noellat, 1824 ; Paris, L'Harmattan, 2005.

Comtesse Dash (1804-1872)
Voir *Marie Giovanni. Journal de voyage d'une Parisienne*, rédigé par Alexandre Dumas, Bruxelles et Leipzig, Kiessling et Schnee, 1855-1856, 4 vol.

Cornélie Delort
Une Française à Jérusalem, Auch, Imprimerie de F. Foix, 1861.

Jane Dieulafoy (1851-1916)
« La Perse, la Chaldée et la Susiane (1881-1882) », *Le Tour du Monde*,1883, I, p. 1-80 ; 1883, II, p. 81-160 ; 1884, I, p. 145-224 ; 1884, II, p. 97-144 ; 1885, I, p. 81-160 ; 1886, I, p. 49-112 ; réédition Paris, Hachette, 1887.
« À Suse. Journal des fouilles », *Le Tour du Monde*, 1887, II, p. 1-96 ; 1888, I, p. 1-80 ; réédition Paris, Hachette, 1901.
Une amazone en Orient. Du Caucase à Ispahan (1881-1882), Paris, Phébus, 1989.
L'Orient sous le voile. De Chiraz à Bagdad (1881-1882), Paris, Phébus, 1990.
Voir aussi :
Ève et Jean Gran-Aymerich, *Jane Dieulafoy. Une vie d'homme*, Paris, Perrin, 1990.

Mme Henri Dor
Souvenirs du congrès d'Alger. Tunis et la Kabylie, Lyon, Librairie générale H. Georg, 1882.

Baronne Marie DURAND DE FONTMAGNE (?-1907)

Un séjour à l'ambassade de France à Constantinople sous le Second Empire, Paris, Plon-Nourrit, 1902.

Laure DURAND-FARDEL

De Marseille à Shanghai et Yedo. Récits d'une Parisienne, Paris, Hachette, 1879.

Anne DUTERTRE

Voyage de Vermont-sur-Orne à Constantine sur l'Oued-Rummel, Sétif, Bougie et Alger, par une femme, Caen, Imprimerie de Hommais, 1866.

Jane FANCY

Quelques jours en Espagne et en Algérie, Paris, Librairie de Paris, 1891.

Lucie FÉLIX-FAURE GOYAU (1866-1913)

Une excursion en Afrique, Paris, Baschet, 1888.

Méditerranée. L'Égypte, la Terre sainte, l'Italie, Paris, sans mention d'éditeur, 1896.

Clara FILLEUL DE PÉTIGNY

L'Algérie, Tours, R. Pornin, 1846.

L'Égypte, Clermont-Ferrand, Thibaud-Landriot, 1851.

La Palestine ou Une visite aux Lieux saints, Rouen, Mégard, 1866.

Rose [de Saulces] DE FREYCINET (1794-1832)

Campagne de l'Uranie (1817-1820). Journal de Mme Rose de Saulces de Freycinet, d'après le manuscrit original, accompagné de notes par Charles Duplomb, directeur honoraire au ministère de la Marine, Paris, Société d'éditions géographiques, maritimes et coloniales, 1927.

Journal de Mme Rose de Saulces de Freycinet, Paris, Éditions du Gerfaut, 2003.

Voir aussi :

Marnie Bassett, *Realms and Islands. The World Voyage of Rose de Freycinet in Corvette Uranie (1817-1820)*, Oxford, Oxford University Press, 1962.

Nadine Lefébure, *Femmes océanes. Les grandes pionnières maritimes*, Grenoble, Gléna, 1995.

Louise FUSIL (1771-1848)

L'Incendie de Moscou. La petite orpheline de Wilna, passage de la Bérésina et retraite de Napoléon jusqu'à Wilna, Paris, Pillet, 1817.
Souvenirs d'une actrice, Paris, Dumont, 3 vol., 1841-1846.
J'étais à la Bérézina, Paris, Gallimard, 1977.

Comtesse Valérie DE GASPARIN (1813-1894)

Journal d'un voyage au Levant, Paris, Ducloux, 1850.
À Constantinople, Paris, C. Lévy, 1877.
Voir aussi :
Annette Smith, « Mme Agénor de Gasparin ou les délices de la chaire », *Romantisme*, n° 77, 1992, p. 47-54.

Augustine GIRAULT, et sous le pseudonyme d'Anne GAËL

Souvenirs d'Algérie. Quelques idées pratiques sur son défrichement, son assainissement, sa colonisation, sans lieu, Librairie de la vie morale, 1860.
La Femme médecin. Sa raison d'être au point de vue du droit, de la morale et de l'humanité, Paris, Dentu, 1868.
En Algérie, Paris, Librairie centrale des publications populaires, 1881.

Jeanne GOUSSARD DE MAYOLLE

Une Française chez les sauvages, Tours, Mame, 1897.

Marie [Fontenay, Mme Manoël] DE GRANDFORT (1829-1904)

L'Autre Monde. Lettres sur les États-Unis, Paris, Librairie nouvelle, 1855, et New York, Lassalle, 1855.

Mme Léon GRANDIN

Impressions d'une Parisienne à Chicago, Paris, Flammarion, 1894.

Adèle HOMMAIRE DE HELL (1819-1883)

Rêveries d'un voyageur. Orient, Russie et Moldavie, Paris, Amyot, 1846.
Voyage dans les steppes de la mer Caspienne et dans la Russie méridionale, Paris, Hachette, 1860.

« Souvenirs martiniquais », *Revue de Normandie*, septembre-octobre 1865, communication faite au 32e congrès scientifique de France (1865).
À travers le monde. La vie orientale, la vie créole, Paris, Didier, 1870.
De Constantinople à Trieste, Paris, Martinet, 1875.
Équipée dans les steppes de Russie, Paris, Arthaud, 1993.

Mme JACOLLIOT
Trois mois sur le Gange et le Brahmapoutre, Paris, Dentu, 1875.

Mme JANSSEN (1828-1913)
« Souvenirs d'un voyage aux Nilgherries. Les Todas », *Le Tour du Monde*, 1882, II, p. 241-249.

Sœur Anne-Marie JAVOUHEY (1779-1851)
Pour Dieu au bout du monde. Lettres choisies, Paris, Éditions du Cerf, 1993.

Comtesse DE LA FERTÉ-MEUN
Lettres sur le Bosphore ou Relation d'un voyage en différentes parties de l'Orient pendant les années 1816-1819, Paris, Domère, 1821.

Octavie LAGRANGE
Souvenirs de voyage. Algérie et Tunisie. Correspondance, Langres, Autographe de Vathelet, 1868.

Blanche LEE CHILDE (?-1886)
« Impressions de voyage. Alexandrie, Le Caire », *La Revue des Deux Mondes*, 1882, p. 303-342.
« Impressions de voyage. La Haute-Égypte », *La Revue des Deux Mondes*, 1882, t. 52, p. 875-913.
Un hiver au Caire. Journal de voyage en Égypte, Paris, C. Lévy, 1883.
« En Tunisie. Souvenirs de voyage », *La Revue des Deux Mondes*, 1884, p. 830-867.

Fanny LEMIRE
« Voyage à travers le Binh-Dinh jusqu'aux Moïs de Teh-Lakong », *Bulletin de la Société de géographie de Lille*, 1894.

Mme Lenglet-Dufresnois

Quinze ans au Brésil ou Excursions à la Diamantine, Bordeaux, Chariol, 1861.

Mme Le Ray

Voyage aux ruines de Palmyre, Lyon, Imprimerie générale, 1885.

Sixième voyage en Orient, Lyon, Imprimerie Vitte et Perrussel, 1889.

Fanny Loviot

Les Pirates chinois. Ma captivité dans les mers de la Chine, Paris, Bourdilliat, 1860.

Louise Marquette

À travers la Syrie. Souvenirs de voyage, Lille, Desclée, de Brouwer et Cie, 1892.

Isabelle Massieu (1844-1932)

« Une voyageuse française au Ladak », *À travers le monde*, 18 juillet 1896.

Comment j'ai parcouru l'Indochine. Birmanie, États shans, Siam, Tonkin, Laos, Paris, Plon-Nourrit, 1901.

Népal, pays himalayens, Paris, Alcan, 1914.

Le Laos, Paris, Magellan & Cie, 2005.

Voir aussi :

Christelle Laurent, *Isabelle Massieu, de la collection à l'acte photographique. L'itinéraire d'une Française en Asie*, Paris, Laurent, 2001.

Mme Stanislas Meunier (1852- ?)

De Saint-Pétersbourg à l'Ararat, Paris, May, 1899.

Mme F. Michel

« L'été au Kashmir », *Le Tour du Monde*, 1905, I, p.1-60.

Louise Michel (1830-1905)

Mémoires, Paris, Roy, 1886 ; Paris, La Découverte, 2002.

Mme de Morgan

Voir Jacques de Morgan, « Relation sommaire d'un voyage en

Perse et dans le Kurdistan (1889-1891) », *Bulletin de la Société de géographie*, 1893, p. 5-29.

J. Motais-Avril
Pèlerinage (1893-1894). Jérusalem et ses merveilles, Angers, Imprimerie de Lachèse, 1895.

Pauline de Noirfontaine
Algérie. Un regard écrit, Le Havre, Lemale, 1856.

Mme P.
« Voyage aux mines de diamants dans le sud de l'Afrique », *Le Tour du Monde*, 1878, II, p. 289-337.

Joséphine Papinaud
Voir Edmond Pascual et Andrée Roques, *Le Tonnelier de la République*, Perpignan, Publications de l'Olivier, 2001.

Marie-Françoise Perroton (1796-1873)
Voir Claude Rozier, *Marie-Françoise Perroton. Une figure de proue de la mission mariste en Océanie*, Paris, Éditions Osmondes, 1997.

Mme Jean Pommerol (1859-1921)
Une femme chez les Sahariennes. Entre Laghouat et In-Salah, Paris, Flammarion, 1900.
Voir aussi :
Marie-Louise Néron, « Une exploratrice », *La Fronde*, 7 novembre 1899.

Marie Ratazzi (1831-1902)
Marie-Letizia de Rute. Lettres d'une voyageuse. Vienne, Budapest, Constantinople, Paris, Alcan, 1897.

Louis Régis
Constantine. Voyage et séjours, Paris, C. Lévy, 1880.

Henriette Renan (1811-1861)
Souvenirs et impressions. Pologne, Rome, Allemagne, voyage en Syrie, Paris, La Renaissance du livre, 1930.

Mme L. Roncayolo
Au Venezuela (1876-1892). Souvenirs, Paris, Imprimerie Paul Dupont, 1895.

Mme Charles de Saint-Amant
Voyage en Californie (1850-1851), d'après une promesse du Président. Navigation sur les deux océans, passage de l'isthme de Panamá, arrivée à San Francisco, Paris, Garnier, 1851.

Sœur Marie Saint-Gautier
Voyage en Colombie de sœur Marie Saint-Gautier, assistante des sœurs de charité de la Présentation de la Sainte Vierge, de novembre 1890 à janvier 1892, Tours, Imprimerie Barbot-Berruer, 1893.

Germaine de Staël (1766-1817)
Dix années d'exil. Fragments d'un ouvrage inédit composé dans les années 1810 à 1813, Bruxelles, Wahlen, 1821.

Aurélie Tidjani (1849-1933)
Voir Marthe Bassène, *Aurélie Tidjani, princesse des sables*, Langres, Guéniot, 1984.
Michèle Friang, *Femmes fin de siècle (1870-1914). Augusta Holmès et Aurélie Tidjani ou la Gloire interdite*, Paris, Autrement, « Mémoires », 1998.

Adèle Toussaint-Samson (1820-1912)
Une Parisienne au Brésil, Paris, Ollendorff, 1883.

Flora Tristan (1803-1844)
Les Pérégrinations d'une paria (1833-1834), Paris, Arthus Bertrand, 1838 ; Arles, Actes Sud, 2003.
Voir aussi :
Évelyne Bloch-Dano : *Flora Tristan. « J'irai jusqu'à ce que je tombe »*, Paris, Payot & Rivages, 2006.
Dominique Desanti, *Flora Tristan*, Paris, Hachette, 2000.

Marie de Ujfalvy-Bourdon (1845- ?)
« D'Orenbourg à Samarkand », *Le Tour du Monde*, 1879, I, p. 1-96 ; 1879, II, p. 49-96.
De Paris à Samarkand. Le Ferghanah, le Kouldja et la Sibérie

occidentale. Impressions de voyage d'une Parisienne, Paris, Hachette, 1880.
« Voyage d'une Parisienne dans l'Himalaya occidental. Le Koulou, le Cachemire, le Balistan et le Dras (1881) », *Le Tour du Monde*, 1883, I, p. 209-256 ; 1883, II, p. 353-416 ; réédition Paris, Hachette, 1887.

Marie Adrienne Anne Victurienne Clémentine DE ROCHECHOUART-MORTEMART, duchesse d'UZÈS (1847-1933)
Le Voyage de mon fils (Jacques de Crussol, duc d'Uzès) au Congo, Paris, Plon-Nourrit, 1994.
Voir aussi :
Patrick de Gmeline, *La Duchesse d'Uzès*, Paris, Perrin, 1994.

Marie VAPEREAU
Voir Charles Vapereau, « De Pékin à Paris. La Corée, l'Amour et la Sibérie », *Le Tour du Monde*, 1894, I, p. 177-272 ; 1894, II, p. 193-240.

Mlle DE VARE, sous le pseudonyme de Charles AUBERIVE
Voyage au mont Liban, Paris, Sarlit, 1861.

Mère Émilie DE VIALAR (1797-1856)
Pensées, Strasbourg, Éditions du Signe, 2006.
Voir aussi :
Agnès Cavasino, *Émilie de Vialar, fondatrice. Les sœurs de Saint-Joseph-de-l'Apparition : une congrégation missionnaire*, Fontenay-sous-Bois, Congrégation de Saint-Joseph-de-l'Apparition, 1987.

Élisabeth VIGÉE-LEBRUN (1775-1842)
Souvenirs de Mme Louise-Élisabeth Vigée-Lebrun, Paris, Fournier, 1835 ; rééd. Paris, Éditions des Femmes, 1986.

Suzanne VOILQUIN (1801-1877)
Souvenirs d'une fille du peuple. La saint-simonienne en Égypte. 1834-1836, Paris, Sauzet, 1866 ; Paris, Maspero, 1978.
Mémoires d'une saint-simonienne en Russie, Paris, Éditions des Femmes, 1979.

Anne Caroline Joséphine [Husson] de Voisins d'Ambre (1827- ?)
Excursions d'une Française dans la régence de Tunis, Paris, Dreyfous, 1884.

Anthologies et dictionnaires

Patrick Beillevaire, éd., *Le Voyage au Japon. Anthologie de textes français (1858-1908)*, Paris, Laffont, « Bouquins », 2001.
Jean-Claude Berchet, *Le Voyage en Orient. Anthologie des voyageurs français dans le Levant au XIXe siècle*, Paris, Laffont, « Bouquins », 1995.
Numa Broc, dir., *Dictionnaire illustré des explorateurs et grands voyageurs français du XIXe siècle*, Paris, CTHS, 1988-2003, 4 vol.
Amélie Chevalier, *Les Voyageuses au XIXe siècle*, Tours, Mame, 1885.
Richard Cortambert, *Les Illustres Voyageuses*, Paris, Maillet, 1866.
Guy Deleury, éd., *Le Voyage en Inde. Anthologie de voyageurs français (1750-1820)*, Paris, Laffont, « Bouquins », 1991.
Dictionnaire de biographie française (A-L), Paris, Letouzey et Ané, 19 vol., depuis 1932.
Marie Dronsart, *Les Grandes Voyageuses*, Paris, Hachette, 1898.
Claude de Grève, éd., *Le Voyage en Russie. Anthologie des voyageurs français aux XVIIIe et XIXe siècles*, Paris, Laffont, « Bouquins », 1990.
Sarga Moussa, éd., *Le Voyage en Égypte. Anthologie des voyageurs européens de Bonaparte à l'occupation anglaise*, Paris, Laffont, « Bouquins », 2004.
Louis-Henri Parias, éd., *Les Explorateurs. Des pharaons à Paul-Émile Victor*, Paris, Laffont, « Bouquins », 2004.

Divers

Bénédicte Monicat, « Autobiography and Women's Travel Writings in Nineteenth-Century France, *Gender, Place and Culture*, 1994, p. 61-69.

–, *Itinéraires de l'écriture au féminin*, Amsterdam, Atlanta, Rodopi, 1996.
–, « Pour une bibliographie des récits de voyage au féminin », *Romantisme*, 1992.
–, « Problématique de la préface dans les récits de voyage au féminin du XIXe siècle », *19th Century French Studies*, n° 23, automne-hiver 1994-1995.

INDEX

TABLE DES MATIÈRES

ANNEXES

Composition et mise en pages : FACOMPO, LISIEUX

Achevé d'imprimer par Corlet, Imprimeur, S.A. - 14110 Condé-sur-Noireau
N° d'Imprimeur : 98730 - Dépôt légal : février 2007 - *Imprimé en France*